Mainc y saer yn Ysbyty Ifan

CALON GRON A THRAED CATHOD

Huw Selwyn Owen

GWASG CARREG GWALCH

Llyfrau Llafar Gwlad
Golygydd y Gyfres: John Owen Huws

Diolch i Gyngor yr Eisteddfod Genedlaethol am drosglwyddo'r hawlfraint yn ôl i'r awdur.

Llun clawr: Wyn Jones, Hafod-y-Geunan
Y lluniau pen ac inc o waith yr awdur.

ⓗ   *Huw Selwyn Owen*

Argraffiad Cyntaf: Gŵyl Ddewi 1990

Cedwir pob hawl. Nid oes ganiatâd i atgynhyrchu'r deunydd hwn mewn unrhyw fodd heb gytundeb â'r cyhoeddwr yn gyntaf.

Rhif Llyfr Safonol Rhyngwladol: 0-86381-148-5

Cyhoeddwyd ac argraffwyd gan Wasg Carreg Gwalch,
Capel Garmon, Llanrwst, Gwynedd.
☎ *(06902) 261*

Huw Selwyn ar bont Ysbyty Ifan

Cyflwynedig
i Tom a Beryl Williams (Rhydlanfair gynt)
am fraenaru.

Un o'r rhai sy' mhell ar ôl — wyf i'r oes
Frysiog, gyfalafol,
Ac i'w ffyrdd galluog, ffôl,
Rhy hen a rhy wahanol.

         H.S.O.

Cynnwys

Torri Cripiad 5
Nodweddion Coed 11
Eirch 22
Amcan, Mesur, Cribin a Llidiart 28
Trwmbel Trol 35
Olwynion 42
Wagenni Amrywiol 53
Gwaith y Gwanwyn 59
Celfi'r Cynhaeaf 68
Adeiladau 75
Arfau'r Saer 78
Termau ac Ymadroddion 84
Carthu'r Rhych 89

Torri Cripiad

Torri cripiad fyddai'r tröwr a'i aradr a'i wedd yn ei wneud, i farcio lled y dalar — torri cwys denau heb fawr o ddyfnder ynddi, er mwyn gwybod ymhle i gychwyn a gorffen cwysi'r cefn. Torrai gripiad wedyn yn denau ac unionsyth ar hyd y cefn oedd i'w droi. Nid oedd wiw i'r cripiad fod yn drwchus neu byddai'r cwysi a gâi eu troi arno o bobtu, yn sefyll yn benuchel a blêr.

A rhyw dorri cripiad ydi'r rhagair yma i'r penodau sy'n dilyn gan obeithio gallu cyrraedd hyd at garthu'r rhych ar y diwedd yn weddol daclus.

Saif Ysbyty Ifan ymhen uchaf Dyffryn Conwy, a'r afon honno yn rhedeg drwy'i ganol i'w rannu'n ddau blwy — yr hen sir Ddinbych ar y naill ochr a'r hen sir Gaernarfon ar y llall. O'r tu cefn y mae mynydd y Migneint, a therfyn yr hen sir Feirionnydd o fewn rhyw bum milltir i'r llan.

Y mae rhyw hud hynafol yn perthyn i'r lle. Yn Gymraeg y mae'r bobl yn byw yma, er bod ambell estron yn ymwthio i'n plith erbyn hyn, fel y mae mwya'r cywilydd. Cymro neu Gymraes yw pob plentyn yn yr ysgol ddyddiol. Yn wir, y mae'n lle mor Gymreig fel y byddaf yn gorfod ymbalfalu am eiriau pan ddaw achlysur fod yn rhaid i mi droi i'r iaith fain. Gwell fyth yw'r ffaith na chywilyddiaf ddim oherwydd hynny.

Deil i fod yn ardal fywiog a digon o weithgaredd ynddi, er i'r boblogaeth leihau o ychydig dan fil, ddiwedd y ganrif ddiweddaf, i lai na deugant heddiw.

Wn i ddim ers faint o ganrifoedd y bu yma bentref ond gallaswn feddwl fod yma rhyw fath o sefydliad ers yn gynnar iawn. Dôl Gynfal oedd ei enw ar un amser ac nid cyn y ddeuddegfed ganrif y galwyd y lle yn Ysbyty Ifan pan sefydlodd Urdd Sant Ioan eu canolfan yma i gynorthwyo tlodion a theithwyr ar eu rhawd i Glynnog ac Enlli.

Ar fur yr eglwys a oedd yma o flaen hon yr oedd englyn:-

Cofia'r tlawd, dy frawd di-fri, —
                      gwan eiddil,
  Gwna iddo dosturi;
Rho gardod rhag tylodi,
Diau y tâl Duw i ti.

Mae'r eglwys bresennol o leia'r drydedd yma ers yr amser y sefydlwyd yr ysbyty.

Yr oedd trefn a chyfraith neilltuol yn perthyn i'r lle. Unwaith y cyrhaeddai rhywun o fewn i ffiniau'r plwy, ni allai cyfraith gwlad afael ynddo. Dinas noddfa wironeddol,

  Caled fu ar lawer gŵr
  Nes cyrraedd Pont y Cletwr.

Ar ôl croesi honno byddech yn ddiogel.

O dipyn i beth dirywiodd y drefn ac aeth y lle yn gyrchfan i lofruddion a lladron, aeth torcyfraith yn rhemp. Dywedir nad oedd neb na dim yn ddiogel o fewn cylch o ugain milltir i'r plwy. Dywedir hefyd mai gweddillion byddin Glyndŵr oedd llawer ohonynt. "Y Nhw" sy'n dweud. Fel y mae'r cyfryngau heddiw yn gallu gwneud môr a mynydd o rhyw fymryn, tebyg oedd gallu Siôn Wyn o Wydir, ger

Llanrwst, i bardduo pethau er ei fantais ei hun, a chreu cyfle i gael ei ddwylo main a blewog ar y lle. Dyna fel y mae hi, mae'n debyg, ceir uffernoliaid ym mhob oes.

Ardal amaethyddol oedd hi, ac yn dal i fod, a gweithgareddau cysylltiedig ag amaethyddiaeth oedd prif gynhaliaeth y bobl. Yr oedd yna rai chwarelwyr yn byw yn y llan mor ddiweddar â'r tridegau cynnar. Cofiaf rai ohonynt yn cerdded dros Ben Rhiw'r Saint a'u pecyn o fwyd ar eu cefnau ar gyfer wythnos o fyw yn y barics yn chwareli Rhiw Bach, Rhiw Fachno, Cwt Bugail a'r Oakley yng Nghwm Penmachno a Blaenau Ffestiniog. Milltiroedd o daith. Amlach y cofiaf amdanynt yn dychwelyd ar bnawn Sadwrn, gan y byddent wedi cychwyn cyn bump o'r gloch y bore ar ddydd Llun, ymhell cyn i neb arall feddwl am ystwyrian dim. Byd caled oedd hi arnynt 'does bosib', a hynny am gydnabyddiaeth ddigon bechan.

Mi fuo yma ffatri wlân a phandai, ond yr oedd hynny cyn fy nghof i. Dywedir bod ffatri'r Cletwr wedi mynd hefo'r dŵr tua chan mlynedd yn ôl, pan dorrodd cwmwl ym mynydd y Gylchedd.

Mae'r ardal yn ymestyn dros dri chwm, Cwm Eidda tua'r gogledd-orllewin, Cwm Nanconwy, lle saif y pentref ei hun a Chwm Gylchedd tua'r de-ddwyrain. Yng nghanol y tridegau, pan ddechreuais weithio, yr oedd gwas neu weision yn y mwyafrif o'r ffermydd a morwyn neu forynion mewn rhai. Cynullai'r gweision a meibion y ffermydd i'r llan ar fin nos i sgwrsio a chyfnewid profiadau. Weithiau, torrent allan i ganu wrth dalcen yr efail neu wrth siop y post, rhai ohonynt yn lleiswyr nodedig, yn faswyr a thenoriaid a'u canu yn safonol bob amser. Yr un oedd y caneuon drwy'r blynyddoedd. *Deio bach, Yr eneth gadd ei gwrthod, Myfanwy, Oes gafr eto?* penillion lleol ac emynau. Fel y dynesai Calan Gaeaf a'r dyddiau'n byrhau, a phan fyddai pawb wedi cael yr ŷd, yn hollol ddigymell, deuai rhyw gythreuldeb atom, a chwaraeid y castiau rhyfeddaf yn y llan a'r ffermydd cyfagos. Cyfnewid giatiau gerddi, cyfnewid ieir un fferm â fferm arall. Ambell flwyddyn deuai'r chwiw ryfeddol ynghynt, efallai ar ganol cynhaeaf ŷd a chymerem yn ein pennau i "fychu". Rhyw fath o das bigfain oedd "bwch", gosodid y geifr â'r brig i fyny a'r naill yn cuddio brig y llall a'r rhai uchaf wedi eu rhwymo â rheffyn o'r gwellt, fel y rhedai'r dŵr glaw oddi arnynt yn rhwydd. Cynaeafent beth yn y bwch, ond ni fyddai'r amaethwyr eu hunain yn bychu ond pan fyddai'r tywydd yn ddrwg a'r ŷd heb gynaeafa'n ddigon da i'w gario, ac yr oedd gweld cae wedi ei fychu mewn noson heb ronyn o alw am hynny yn peri digllonedd nid bychan i'r sawl oedd wedi gorfod dioddef y driniaeth. Ar noson cyn y dydd diolchgarwch yn aml, aem i helm ambell ffermwr, oedd yn enwog am fynnu cael ei gynhaeaf o flaen pawb, a chario'r ysgubau ŷd allan i'r cae a'u codi ar eu traed yn rhesi hirion, fel y byddent yn amlwg i'r saint eu gweld wrth ymlwybro tua'r gwasanaeth y bore dilynol. Byddai mwy o riolti wrth ddisgwyl y flwyddyn newydd i mewn.

Darfu'r cymhelri hwnnw cyn diwedd y tridegau, ac erbyn heddiw, "prin ddau lle'r oedd gynnau gant"

Pont Ysbyty Ifan yn y pumdegau gyda gefail y gof yn y cefndir

yw hi yn hanes y gweision. Darfu hefyd am y tyrchwr, y crydd, y gof a'r melinydd, yr odynwr a'r tafarnwr a'r dyn lladd mochyn, y bwtsiar, y siop ddilladau, a siop y gwyrddlysiau. Un siop heddiw lle'r oedd o leiaf bedair.

'Does yna yr un hen wraig bellach yn gwerthu "g'nweth" na "d'mweth" o gyfleth. Dim un cipar i ofalu am fuddiannau'r *lord*, lle byddai wyth neu naw ar un adeg — heb fod yn rhy llwyddiannus bob amser. Na 'run *lord* ychwaith, petae o ryw bwys am hynny. Dim hen wragedd yn cerdded drwy'r llan neu yn straea' ar ben drysau'r tai dan weu eu sanau gwlân llwydion, a'u gweill dur yn clecian ac yn gwibio mor gyflym â'u tafodau. 'Does yna neb yn gwlana; byddai ambell un yn crwydro ochrau'r gwrychoedd ac yn cwmpasu'r perthi i dynnu tusw o wlân fan yma a'r fan draw. Byddent yn lwcus weithiau i gael cnu, gan ambell ffermwr caredig.

Yr oedd yna gydweithio rhwng y saer a'r gof i gylchu olwynion ac i wisgo sgilbrenni, cydweithio rhwng y ffermwyr i ddyrnu'r ŷd, cneifio a golchi defaid. Byddai amryw o'r llan yn cael gosod rhes neu ddwy o datws yn y caeau, yn gyfnewid am ryw ddaliad yn y gwair neu'r ŷd. Yr oedd yna res o erddi ym Muarth Argau ar gyfer gweision Hafod Ifan ac eraill o'r pentre, a gerddi hefyd yng nghornel isa'r Gefnen Wen, ar ffordd y Fron. Wn i ddim ai rhyw arferiad wedi goroesi o amser y rhyfel byd cyntaf oeddynt, neu a

7

fodolent cyn hynny, yr oedd digon o sôn am *allotments* yn y trefydd yn ystod yr ail ryfel. Byddai yna blotiau o erddi yn perthyn i'r ysgol hefyd a'r plant mwyaf yn eu trin a'u plannu. Y sgwlyn a'i deulu am wn i oedd yn bwyta'r cynnyrch — y fo, mae'n siwr, oedd yn prynu'r had hefyd.

Caewyd drws yr efail tua diwedd y pedwardegau, ac ar wahân i'r saer coed, y gof oedd yr olaf o grefftwyr traddodiadol y llan. Byddai yntau yn gwneud ychydig o waith melinydd hefyd, ond dim ond malu'n oer ar gyfer bwyd anifeiliaid.

Darfu'r cwbl bellach. A fu'r fath newid erioed mewn unrhyw oes, mewn cyn lleied o amser?

Minnau yn unig a adawyd. Y drydedd genhedlaeth o seiri gwlad yn y teulu. Newidiodd y gwaith yn ddirfawr ers pan ddechreuais.

Bu fy nhaid yn saer chwarel am gyfnod yn chwarel Rhiw Fachno. Aeth fy nhad i Lerpwl am beth amser i wneud gwaith *joiner* yn ôl arfer y cyfnod. Nid yr un fel ac yr elai rhai o'r ardal i weithio yn y 'coton' yn Lerpwl a Halifax a lleoedd cyffelyb. Rheidrwydd byd gwan oedd hynny.

Penchwibandod llencyn oedd yr awydd a fu ynof i fynd i'r môr ar un adeg. Seiri coed, gofaint gwyn a gofaint du ac amaethwyr a fu'r teulu erioed, heb arlliw o draddodiad morwrol ar eu cyfyl — er bod hanes am un ohonynt yn mynd i grwydro arfordiroedd Arfon i chwilio am fachiad ar long yn rhywle. Aeth cyn belled â Chaergybi ym Môn a chafodd long i hwylio arni yn y fan honno. Cafodd hefyd ryw haint cyn cael rhoi troed ar ei bwrdd. Yng Nghaergybi y mae ei fedd.

Porthmon, amaethwr a bardd yn gyrru gwartheg cyn belled â Chaint ac Essex a'i draed ar dir caled oedd Edward Morus, Perthi Llwydion ym mhlwy Cerrigydrudion wedyn, ac yn naear Essex y claddwyd yntau tua diwedd yr ail ganrif ar bymtheg.

Yn wahanol i "Twm Huws o Ben-y-Ceunant", aros gartre' a wneuthum i. Erys rhai pethau yn y cof, wedi eu serio ar y pum synnwyr.

Byddai rhywun wedi dod â "hanner 'dyned" o geirch ar ei drol i'r odyn i'w grasu. Un hobed ar bymtheg oedd odyniad yn odyn Ysbyty Ifan; erys aroglau'r grawn cras yn fy ffroenau byth fel yr erys aroglau'r bara, newydd ei grasu a ddeuai o bob tŷ bron, yn y llan ar bnawn dydd Gwener. Hwnnw fel arfer oedd y diwrnod pobi ac wedi aros yn drefn ers blynyddoedd lawer yn ddiamau — mor sefydlog ag yr oedd dydd Llun yn ddiwrnod golchi.

Rhedwn adref o'r ysgol i dorri'r crystyn a thaenu trwch o fenyn i doddi ar ei wyneb cynnes. Neithdar y duwiau oedd y menyn hwnnw, pan fyddai gwartheg Eidda Fawr yn pori llysiau rhiniol Ffridd Llech, a gwin y duwiau oedd y llaeth enwyn o'r un lle. Druan ohonom heddiw, yn bwyta bara pryn a menyn tramor ac yn yfed dŵr tap. Ond wedyn, 'dydach chi ddim yn colli rhywbeth na fu ichi 'rioed ei brofi. Mynd yn dlawd ydi'r drwg.

Erys sŵn grwnian meini'r felin yn hwyr y nos a rhoncian yr olwyn fawr dan bwysau'r dŵr ar fy nghlyw. Prin yr anghofiaf dristwch ugeiniau o gylfinhirod yn chwibanu'n ddryslyd pan ddisgynai niwl trwchus ar nosweithiau llonydd dros y cwm.

'Rwy'n dal i deimlo brath y rhewynt pan chwipiai dros Lyn Bryn Eithin wrth inni sglefrio dros ei

Cynhaeaf ŷd yn Ysbyty Ifan yn yr oes o'r blaen

Hen felin Ysbyty Ifan

wyneb llyfn ar funudau prin awr ginio o'r ysgol, a chofio'r gwrthwyneb, pan fyddai tanbeidrwydd gwres haul haf yn taro ar fuarth fferm ar bnawniau hirion, pryfetog, a dioglyd.

Tybed a oedd carpedi enfawr y grug ar y Migneint yn fwy porffor ers talwm? Bron na chredwn heddiw, eu bod yn llai o faint ac yn llai porffor nag a fyddent. Glaw asid tybed, neu'r gwynt o gyfeiriad atomfa Trawsfynydd?

Pwy fedr brofi? A phetae rhywun yn profi'n ddiymwâd, byddai sgrechfeydd yr awdurdodau'n fyddarol. Taflwyd cymaint o lwch i'n llygaid bellach, nes ein gwneud yn ddall, ac y mae angen meddyg mwy na'r cyffredin erbyn hyn, i agor ein llygaid, fel y byddwn eto yn gweld.

Mae sôn am y Migneint yn dwyn ar gof rhai amaethwyr a fyddai'n mynd â'u defaid i'r mynydd ddechrau Mai, ac yn aros yno ar eu gwahanol gynefinoedd i'w bugeilio. Byddai Cynwal Hughes, Pennant; Sylfanus Jones, Eidda Fawr; William Williams, Pen Bedw a Johnny Roberts, Blaen Eidda ar y mynydd am wythnosau. Yr oedd ganddynt rhyw fath o dŷ yno, Tŷ Bach Newydd, oedd o fewn cyrraedd hwylus i'r pedwar cynefin. Yno yr arhosent o'r naill wythnos i'r llall yn bugeilio peth, yn seiadu, diwinydda ac athronyddu. Deuent i lawr i fwrw'r Sul, i newid dillad ac i grefydda cyn ailgychwyn eto â chyflenwad o angenrheidiau wythnos hefo nhw. Wrth ymddihatru'n llwyr oddi wrth helbulon byd, nefoedd o le oedd y Migneint iddynt. Yn anffodus, deuai'n gynhaeaf gwair, a chyndyn ryfeddol oeddynt i droi cefn ar y byw di-boen a digyfrifoldeb ar y mynydd. Nid bod yr un ohonynt yn tueddu at fod yn anghyfrifol nac yn ofni gwaith — yn wir, Cynwal oedd y gweithiwr mwyaf diarbed yn yr holl ardal. Os byddai rhyw galedwaith mwy na'r cyffredin i'w wneud, nid gyrru ei weision a wnâi ond mynd i'r afael â'r gwaith ei hun. Pencampwr aredig oedd Johnny, nid yn yr ardal hon yn unig, ond drwy'r wlad i gyd, ac ni ddaeth i'r safle hwnnw heb lawer o chwys a llafur.

Mae'n ddarlun digon tebyg ohonom fel cenedl. Mae gennym ein gweithwyr dygn, ein pencampwyr mewn llawer maes a'n meddylwyr praff, ond mae hi'n braf ryfeddol ar y Migneint.

Nodweddion Coed

Crab, siecffon, brân, stent, bach carwden a thwm. Yn y tridegau roedd geiriau fel rhain yn gyfarwydd i seiri troliau a'u cwsmeriaid, yn rhan o'r iaith bob dydd, ac yn gyfryngau naturiol ar dafod leferydd i bawb ddeall ei gilydd. Nid geiriau mecano mohonynt.

I'r mwyafrif o bobl mae ugeiniau, os nad cannoedd ohonynt, wedi mynd ar goll yn llwyr. Mae'n ddiamau fod amryw hefyd yn estron ond wedi cartrefu'n gyfforddus yn ein hiaith. Sut y daeth gair o darddiad Ffrengig fel 'swmer' i gwm diarffordd, ac iddo ddilyn teithi'r iaith mor naturiol nes i ni gael 'swmerydd' am, fwy nag un?

Erbyn heddiw mae rhywbeth yn drist mewn gorfod defnyddio gair estron er mwyn i bobl wybod am beth y soniwch. Byddai gair Cymraeg ar gael oedd yn ddealladwy i bawb yn yr ardal ar un amser. Mae'r bygythiad i'n bodolaeth fel cenedl yn llawer amlycach erbyn hyn.

Tristach na thrist yw'r ffaith ein bod yn ymfalchïo ein bod yn gwybod y gair Saesneg. Mae o ym mêr ein hesgyrn. Dyna ddiawledigrwydd dwyieithrwydd, yn enwedig cael eich gorfodi i hynny wrth fyw am y clawdd â chenedl fwy niferus, os am y clawdd hefyd. Maen nhw'n magu fel cŵningod yn ein gerddi!

"Mae angar yn hel ar y ffenestri." Byddai'r rhan fwyaf yn edrych yn

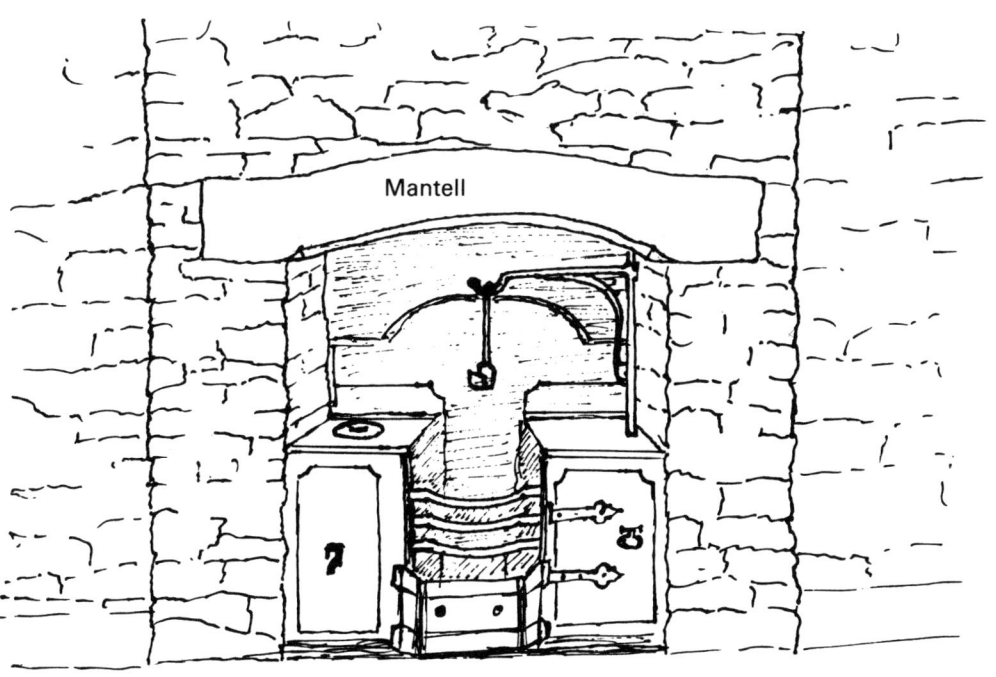

Mantell neu swmer uwchben lle tân

syn a chegrwth arnoch.

" 'Condensation' wyt ti'n feddwl?" Wrth gwrs, dyna ydw i'n feddwl ond mae rhyw sŵn Cymreig yn y gair 'angar', o ba wlad bynnag y daeth.

Dirywiodd ein hiaith yn ddifrifol. Yn wir, aeth yn fregliach ddigon tila mewn llawer lle, ac nid yw dwyieithrwydd yn gymorth yn y byd iddi. Aeth heibio'r amser pan oedd addysg grefyddol a'r iaith Feiblaidd yn ei nerthu a'i gwneud yn gyhyrog. Onid oedd adnod, pennill, dywediad neu ddihareb at bob achlysur?

Pan oedd yr Arglwydd Penrhyn yn bygwth cyflogi llai o giperiaid ac yn mynd i gael 'madael â rhai; fel hyn y dywedodd Bob Foel, "Pa beth a wnaf, cloddio nis gallaf a chardota sydd ddirmygus gennyf?"

Heddiw, "Rhaid imi fynd i seinio'r blydi dôl," fyddai'r ymateb.

Saer troliau neu saer gwlad, galwer o beth a fynner, disgwylir iddo droi ei law at bob math o waith coed, boed grud, boed arch. Yn fras, o flwyddyn i flwyddyn yr un oedd y gwaith yn ôl y tymor, gydag ambell eithriad. Ar heth, tua chanol Ionawr i ddechrau Chwefror, dechreuem wneud cribiniau at y cynhaeaf. Byddai'r ynn ar eu cyfer wedi eu torri ers dwy flynedd a rhagor cyn hynny ynghyd ag ambell wernen ar gyfer coesau pladuriau. Torrwn dderw o lartsus yn goed troliau a chelfi amaethyddol eraill. Rhaid oedd i'r derw gael rhai blynyddoedd ychwanegol i sychu. Ar ddiwedd blwyddyn y torrwn goed y rhan amlaf, pan fyddai'r nodd i lawr.

Ynn heb fod yn rhy hen a dorrwn ar gyfer cribiniau, rhyw droedfedd go dda ar draws. Dyna ddefnyddiwn ar gyfer coesau picffyrch, rhawiau sgwâr a sheflod, rhawiau ffosio, ffyrch, ceibiau a bwyelli, heb sôn am sgilbrenni o amryw fathau. Rhaid oedd dewis onnen â chroen llyfn arni ac heb fod yn fforchi. Os byddai fforch yn ei thyfiant roedd tuedd i galon y pren fynd yn ddu. Roedd yn beth da i onnen fod wedi tyfu yng nghysgod haul ac mewn rhyw wern o le gwlyb — byddent yn llawer gwytnach ar ôl tyfu mewn lle o'r fath. Yn groes i'r syniad fod angen cyfrif arbennig o gylchoedd blynyddol i'r fodfedd, cefais fod onnen wedi tyfu'n fras yn llawer gwytnach, cyn belled â bod y croen yn llyfn. Arall oedd yr hanes efo lartsus, derw, sbriws a phinwydd. Byddai cylchoedd blynyddol agos at ei gilydd — arwydd o dyfiant araf — yn ychwanegu at eu gwytnwch a'u rhin fel coed.

Tua saith troedfedd fyddai hyd y pren wedi ei groesdorri yn y coed ar gyfer gwneud cribiniau. Chwe throedfedd a dwy fodfedd fyddai hyd coes cribin orffenedig y rhan amlaf. Roedd pennau'r pren crwn yn y coed yn siŵr o gracio wrth iddo sychu a gadawai'r pedair neu bum modfedd ym mhob pen le i chwarae dipyn bach. Weithiau rhoddwn baent ar dalcenni'r coed crwn i'w rhwystro rhag hollti, weithiau ired ac ambell dro hyd yn oed rhown sebon. P'run bynnag, punt oedd pris llwyth wagen go lew ar y dechrau yn 1937, waeth faint fyddai eu hyd na'u trawsfesur. Aeth y pris yn uwch o flwyddyn i flwyddyn ar ôl hynny. Am y gweddill o'r llwyth, anaml y torrwn bren yn fyrrach nag wyth troedfedd — mesur pwrpasol ar gyfer rhannau o droliau a chelfi amaethyddol eraill, ond rhaid oedd torri ynn ar gyfer llorpiau yn ddeg troedfedd a lartsus ar gyfer hofergarfannau a phowl yn dair neu bedair troedfedd ar ddeg, a phymtheg troedfedd da at wneud cargo — y celficyn hwylus hwnnw oedd â'i fffram a'i lorpiau yn un darn o un pen i'r llall.

Gan fod y coed ar lechwedd yn wynebu'r gogledd byddai tuedd ym mhob coeden i fod â rhyw fymryn o gemdid ynddi am ddwy droedfedd neu lathen o'r bôn. Cyfrifid hyn yn rhinwedd gan y byddai'n grwb naturiol yng nghoes y gribin lle byddai yn dechrau fforchi. Byddai hefyd yn dro naturiol ar gyfer carfannau ar ben ochrau'r drol.

Os byddai gennych lygaid yn eich pen gallech weld yr erfyn neu'r celfigyn gorffenedig yn y goeden cyn rhoi bwyell ar ei bôn, a nodi yng nghefn y cof pa fwriad oedd i bob pren.

I Dan'rallt, Betws-y-coed yr awn i daflu coed. Yno roedd aceri o goed caled a chawn ddewis beth a fynnwn. Yr oedd cyflawnder o goed tebyg yn Nhyn-y-berth ychydig yn uwch i fyny dyffryn Lledr a bûm yno yn cymynu droeon. Prynwn ambell goeden yma ac acw hefyd a rhai lartsus mewn coedwigoedd eraill. Os byddech yn eu prynu ar eu traed, da o beth fyddai gwybod am y fan lle tyfent, gan fod eu safle neu'r priddyn y tyfent ohono, neu droellwynt yn ambell le yn gallu amharu ar rin y coed. Pe gwyddech mai derw oedd y cnwd ar y tir o flaen y lartsus y bwriadech eu prynu, gwell oedd peidio ymhél â nhw, gan y byddai pydriad bron yn ddieithriad yng nghanol y bonion. O dipyn i beth y deuech i adnabod eich coed: ysgol ddrud a fu profiad, aml dro.

Prynwn goed yn Llanrwst weithiau, yn iard goed Eyton Jones. Gwerthai gamogau a llorpiau troliau a digonedd o bob math o goed meddal tramor. Anfonwn dro arall i Fanceinion neu Lerpwl am gamogau a llorpiau a choed eirch. Pe anfonech gerdyn post ar ddydd Llun i'w harchebu ym Manceinion, byddent yng ngorsaf Betws-y-coed erbyn pnawn dydd Gwener. Mor wahanol heddiw, hefo'r holl gompiwtars a phapur a'r rhuthro gwyllt; byddwch yn lwcus o gael rhywbeth ymhen y mis, a chymryd fod y cerdyn wedi cyrraedd y ffyrm trwy wyrth mewn amser gweddol resymol. Y pryd hwnnw, byddai Dei Dei o Gwm Penmachno yn cario allan o'r orsaf ym Metws-y-coed hefo'i lori goch, a gallech fod yn dawel eich meddwl y byddent yn y gweithdy cyn nos. Yr oedd popeth mor ddibynadwy.

Byddai achlysuron mae'n siwr pan na fyddai pethau'n rhedeg mor hwylus, ond prin fyddai rheiny — unwaith yn y pedwar amser, fel y wraig honno'n cwyno wrth bostman o Fetws-y-coed oedd yn enwog am ei arabedd. Roedd hi wedi anfon llythyr i archebu rhywbeth ers dros bythefnos, a heb gael ateb. Cwynai wrth y postman yn ddyddiol, nes i hwnnw gael digon, a dweud, "Wn i ddim pam 'rydach chi'n cwyno wir, mae'r Apostol Paul wedi gyrru llythyr ddwy waith at y Corinthiaid ers cannoedd o flynyddoedd, a chlywodd o ddim gair byth."

Cadwai ambell gymeriad dderw wedi eu hollti ar gyfer gwneud edyn olwynion. Pobl fel John Roberts Hafoty Pencraig, Nant Bwlch-yr-heyrn — clamp o ddyn a locsyn gwyn mawr ganddo. Bûm yn prynu yno. Un arall oedd â chyflenwad da fel arfer, oedd Jac o'r Betws; wn i ddim beth oedd ei gyfenw. Yr oedd yna dipyn o waith bargeinio hefo Jac, a rhaid oedd codi'r bys bach amryw o weithiau cyn i'r fargen gael ei selio, ond gallech fod yn siwr fod ei edyn bob amser yn werth eu cael. Blaenor oedd gŵr Hafoty Pencraig, ond roedd ei edyn yntau hefyd yr un mor gadarn.

Tua phedair milltir i lawr y cwm o Ysbyty Ifan ar dir fferm Rhydlanfair yr oedd y felin lifio. Melin lifio stad y Penrhyn oedd hi a'r Ymddiriedolaeth Genedlaethol ar ôl hynny yn 1950. Yr oedd amryw yn gweithio yno pan euthum yno gyntaf a phrysurdeb mawr yn y lle. John Hughes o Gapel Garmon oedd y pen llifiwr ac yn bencampwr ar ei waith. Gwyddai yn union sut i gael y swm mwyaf o goed allan o bren crwn. Richard Roberts o Ysbyty oedd yn gweithio fel *tailman* yno, y fo oedd wrth gynffon y lli fawr yn tynnu'r coed allan wedi eu llifio. Bu Huw, brawd i'r llifiwr yn gwneud yr un gwaith am flynyddoedd. Hywel, brawd arall i'r llifiwr, a Harri Elis o Ysbyty a gariai'r coed o'r goedwig hefo'r lori a'u cario allan wedyn wedi eu llifio, a Bob ei frawd yntau yn ei ddilyn yn yr un gwaith. Yno hefyd roedd Bob Wood ar y lli bach, yn llifio coed tân o'r gwastraff a ddeuai o'r lli fawr. Yr oedd Bob yn eisteddfodwr brwd ac yn arwain côr yn y cylch. Aeth y gefnogaeth i eisteddfodau pentrefol yn dila iawn ar un amser yn y pedwar a'r pumdegau. Oni bai am Bob Wd, fel y'i gelwid byddai'r rhan fwyaf ohonynt wedi diflannu o'r cylch.

Cynullai ei aelodau i'r côr o amryw o'r ardaloedd cylchynol. Ni fyddai llawer ohonynt wedi bod ar gyfyl yr un ymarferiad, ac ar noson y cystadlu, byddech yn amau a oeddech chi yn y côr iawn, gan mor ddieithr oedd llawer o'r wynebau. Dibendraw oedd brwdfrydedd Bob ac ar wahân i'r côr, byddai ganddo ddau neu dri o wythawdau, tri phedwarawd neu bedwar ac amryw o ddeuawdau.

Pan fyddai eisteddfod ar y gorwel, byddai'n dechrau ymarfer cantorion y felin lifio yn y cwt bwyta ar awr ginio. Ymestynnai'r awr yn awr hir yn aml. Pan ddeuai detholiadau canu y gwahanol enwadau allan, rhaid oedd mynd drwy'r tonau ar ganol dydd. Nid oedd hynny'n anhawster o gwbl gan fod amryw o'r cantorion yn lleiswyr da iawn ac yn gerddorion wrth natur.

Hawdd yw bod yn gefnogol pan fydd rhywbeth yn mynd fel petai'r gwynt dan ei aden, arall yw'r stori yn nyddiau'r cŵn, ac ychydig sy'n barod i ymlafnio fel y gwnaeth Bob. Os oedd rhywun yn deilwng i'w anrhydeddu, yr oedd Robert Wood ar ben y rhestr. Deuai eraill i'r felin i gynorthwyo os oedd y coed i'w llifio o faintioli mwy na'r cyffredin neu pan fyddai'n brysurach nag arfer yno. Gweithio yn y coedwigoedd oeddynt fel arfer a gwneud gwaith amrywiol arall ar y stad.

Deuai Jim Griffiths o Benmachno yno, y pencampwr ar godi waliau sych. Wiliam Elis, un arall o Benmachno a grwydrodd dipyn ar y byd ond na fyddai'n sôn llawer am hynny, er iddo weld digon. A Dafydd Sgwifrith o'r un plwy. Digon yw dweud fod Dafydd yn ddefnydd llyfr ynddo'i hun.

John Williams o'r Padog oedd yn

Cario coeden i'r felin.

arolygu gwaith y felin a'r coedwigoedd. Dringwr coed na fu ei debyg: ehangodd ei waith yntau o dipyn i beth, i gynnwys gofalu am adeiladwaith y tai a'r ffermydd pan ddaeth y stad i feddiant yr Ymddiriedolaeth. Yn 1951 agorwyd swyddfa mewn hen dai yng nghefn tŷ Dinas lle trigai goruchwyliwr y stad, rhyw ddwy neu dair milltir o Fetws-y-coed. Cafwyd dau o glercod i weithio yno. Jones Clarc, o'r Betws a John Morris o Benmachno. Wedyn y daeth Rhian Jones o Benmachno yno i wneud gwaith teipydd a llawer o oruchwylion eraill.

Cyn 1951, rhwng y ciperiaid, gweithwyr y felin lifio, y coedwigwyr a'r gweithwyr cyffredinol yr oedd yna dipyn dros ugain o bobl yn gweithio i'r stad yn yr ardal hon yn unig. Yn ychwanegol at hynny gosodid gwaith i ymgymerwyr adeiladu, i gymhennu a thrwsio ac ailgodi'r meddiannau. Fe wneir hynny heddiw hefyd, ond diflannodd y gweithwyr sefydlog ar wahân i goedwigwr neu ddau a gwardeniaid tir diffaith, corsydd a chreigleoedd. Diflannodd y felin lifio hyd yn oed.

Symudwyd y brif swyddfa i lawr i'r arfordir ac y mae yna tua deg ar hugain neu ragor yn gweithio ynddi. Mae'n anodd credu nad oes dryswch ar y dafol yn rhywle. Ond rhaid ychwanegu, eu bod yn cadw tenantiaeth y ffermydd i gyd yn drwyadl Gymreig a'r mwyafrif o'r tai, cyn belled ac y mae hynny yn bosibl iddynt.

Er hynny y mae yna rhyw anesmwythyd yn cyniwair yng nghefn y meddwl. Beth amser yn ôl, gwneud bob man yn *"viable unit"* oedd y polisi. Dyna oedd y bygythiad, cydio maes wrth faes a fferm wrth fferm. Llwyddwyd i wrthsefyll hynny. Rhyw ddwy neu dair o ffermydd a ddioddefodd. Petai'r ffwlbri hwnnw wedi parhau, ni fyddai yna erbyn hyn yr un fferm fechan i neb ddechrau ynddi.

Bygythiad arall sy'n ymddangos ers peth amser bellach. Rhwystro ffermwr i ffermio. Gwrthod caniatâd i agor ffos a gwaeth na hynny, hawlio fod eisiau caniatâd i agor ffos a rhwystro'r ffermwr rhag trin y tir. Cynnig tâl helaeth iddo am wneud dim byd. Daw'r dydd y derfydd am hynny a bydd hen bawenu gwaelod y sach wag pan fydd digon o ddiffeithwch wedi ei greu, a'r ffermwr, bryd hynny, fydd yn dioddef heb ddim i'w gynnal.

Fuo gen i fawr o ffydd erioed mewn arbenigwyr sy'n mynnu dweud wrth bawb sut mae gwneud. Y mae yna rannau o'r wlad lle'r oedd planhigion prin yn tyfu'n ddigymell, ond fe ddaeth y rhain i'w gwarchod ac i ddweud yn eu doethineb mawr mai eu ffyrdd hwy oedd y ffyrdd iawn. Diflannodd y planhigion prin ond deil yr arbenigwyr i ddoethinebu a chynghori, ie, hyd yn oed i fynnu rheoli a deddfu. Y mae perygl y daw'r dydd pan fydd hi'n rhy hwyr i ddadwneud y difrod. A difrod ydi o, er ei restru dan bennawd datblygu. Yr ydym ni yma ers canrifoedd lawer, ond am ba hyd bellach? Dinistriwyd cynefinoedd yr Indiaid Cochion yng Ngogledd America gan wanc cenedl arall, a'u corlannu mewn parciau gwneud, i ddihoeni o dan drefn ddieithr y rhai nad yw eu gwarineb yn ddim ond paent ar bren pwdr.

* * *

Nid ysgafn oedd gorchwylion saer yn y tri degau. Awn ar feic i gyrraedd y cyflenwad coed, tuag wyth milltir o daith, cymynnu â bwyell seithbwys, dad-frigo, croesdorri a'u llusgo o fewn cyrraedd i'r cariwr a'i drol neu wagen, a hynny am ddyddiau. Nis gwn p'run ai rhy styfnig, rhy wirion neu rhy dlawd oeddwn i, i 'mofyn cymorth. Beicio yn ôl i fyny'r dyffryn fin nos ac ambell dro byddai'r angau wedi dod heibio'r ardal a rhaid oedd dechrau'n syth wedyn i wneud arch a dal ati drwy'r nos bron. Awn i'r coed y diwrnod canlynol heb weld dim yn anghyffredin yn y peth. Dyna'r drefn ddidrugaredd a fodolai, a'r rhan fwyaf yn ei derbyn yn ddigwestiwn am wn i.

Derwen, onnen, lartsen, sbriwsen, gwernen, aethnen, masarnen, ffawydden, castanwydden, llwyfanen a phinwydd o amrywiol fathau. Dyna'r coed a ddefnyddid amlaf. Yn achlysurol defnyddiem helygen, celynnen ac afallen hyd yn oed. Coed tramor hefyd, yn ffawydd coch a gwyn a ffawydd melyn pan fyddai'n bosib ei gael. Ar ben hyn ceid rhai coed tramor caled heb enwau Cymraeg nac wedi eu Cymreigio arnynt fel "Lancewood" a "Hickory" a "Pitch Pine" os cyfrifir hwnnw yn bren caled.

Mae i bob pren ei bwrpas a'i nodweddion arbennig ar gyfer pob swydd.

Derwen
Parhad yw nodwedd arbennig derwen, hyd yn oed allan yn y

tywydd, heblaw ei chryfder a'i chaledwch at wneud fframiau troliau a wagenni a berfâu ac y mae harddwch arbennig iddi, i wneud dodrefn ac eirch.

Onnen
Gwytnwch a hyblygrwydd yw rhinweddau onnen, i wneud camogau, llorpiau, carfannau a choesau di-ri. Ar wahân i hynny, fe'i cyfrifir yn bren gweddol ysgafn at wneud cribiniau a rhai fframiau mewn celfi amaethyddol. Byddai'n arwydd da os byddai rhyw liw pinc ysgafn ar y sglodion wrth ei thaflu. Defnyddir ynn hefyd i wneud dodrefn ac mae'n dipyn rhatach na derw. Nid yw mor barhaol â derw yn y tywydd ond os byddai'n berffaith sych ac wedi ei baentio fe fyddai ei barhad yn weddol hir. Rhinwedd arall ynddo yw y bydd yn cleisio yn hytrach na thorri pan gaiff gnoc go filain. Dyna pam y'i defnyddid i wneud carfannau ar ben ochrau trol.

Lartsen
I'r Rhufeiniaid, y lartsen oedd un o'r coed gorau. Fe bery lartsen goch dda yn hwy na derw allan yn y tywydd. Mae'r pry yn hoff o ymosod arni, yn enwedig y gwynnin, ond rhyw gnoi ar yr wyneb y bydd o ar y rhuddin. Nodwedd ryfeddol arall ydi nad oes modd plaenio dim ond yr ochr bellaf oddi wrthych, yn enwedig os bydd y styllen honno wedi dod o ymyl calon y goeden. Rhaid ei droi wedyn i blaenio'r hanner arall yn groes i'r ochr gyntaf. Gwnaem ochrau, gwaelod a fframiau troliau ohono, byrddau berfâu, hofergarfannau, llidiardau, drysau a phrysgfeydd. Heblaw llawer o ddibenion eraill, maent yn bolion clawdd parhaus iawn hefyd.

Sbriwsen
Pren meddal yw sbriwsen ond defnyddiem dipyn ohono i wneud drysau a hyd yn oed waelod troliau ac ochrau berfau. Mae'n bren gweddol barhaol os cewch chi un llingar. O Norwy y deuai'r sbriws gorau. Defnyddiem lawer ohono i wneud siediau gwair gan ei fod yn ysgafn i'w godi ac yn hwylus i'w drin, heblaw fod oes go dda iddo o dan do. Os nad oedd o safon dda fe fyddai llawer o ffynhonnau ynddo ac o'r rhain y llifai'r ôr a fyddai'n anodd iawn i'w atal. Deuai o ryw riciau yn y graen, yn slefr anghynnes, ludiog, er bod aroglau da arno.

Gwernen
Coesau pladuriau a wnaem o wernen a dim llawer arall ond striciau at hogi pladuriau.
Oherwydd ei galedwch a'i ysgafnder, yn ogystal â'i fod yn hawdd i'w naddu, byddai gwneuthurwyr clocsiau yn hoff iawn ohono. Clywais ddweud mai mwg tân gwern yw'r mwg gorau i gochi

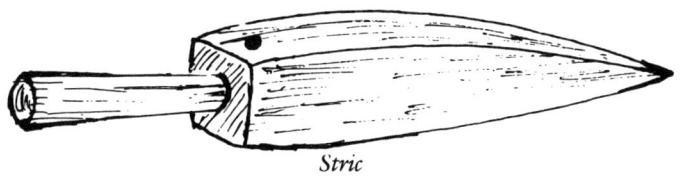

Stric

eogiaid. Wrth daflu'r goeden ymddangosai'r sglodyn yn wyn ond cyn pen dim byddai wedi troi yn lliw melyngoch a rhyw liw felly sydd ar y pren wedi ei drin a'i wneud yn goes pladur.

Aethnen
Nid oedd gennyf lawer o bwrpas i aethnen — pren tafodau merched : ei ysgafnder oedd ei rinwedd pennaf.

Ffawydden
Mae'r enw ffawydden yn gamarweiniol braidd gan fod tuedd i gysylltu'r gair â choed meddal fel ffawydd coch, gwyn neu felyn, sef pinwydd mewn gwirionedd, ond mae'r ffawydden yn bren caled eithriadol. Caiff ei ddefnyddio i wneud llawer o ddodrefn ac i wneud dannedd cocos melin neu unrhyw beth y byddai angen pren caled lle byddai llawer o draul arno. Mae'r pry bach yn hoff iawn ohono er mor galed yw a buan y bydd fel rhidyll unwaith y bydd o wedi dechrau ymosod.

Castanwydden
Defnyddiwn gastanwydden i amryw byd o bethau pan fyddai ar gael. Doedd dim llawer ohono yn yr ardal hon ac ambell dro y deuai peth i'r felin lifio gyfagos. Yr oedd ei fyrddau yn bwrpasol at unrhyw waith i mewn neu allan. Gallech yn hawdd dwyllo yr anghyfarwydd mai derw ydi o gan ei debyced i'r pren hwnnw ac y mae yr un mor barhaol â derw wedi iddo sychu, er bod tuedd i ymollwng ynddo ac i graciau ymddangos mewn lleoedd annisgwyl wrth sychu.

Llwyfanen
Pren arall parhaol iawn yw'r llwyfanen ond y mae amryw fathau ohonynt a rhai yn well na'i gilydd mewn parhad ac eraill yn haws eu trin. Nid oes ei well i wneud bothau olwynion gan ei fod wrth natur yn clymu'n ei gilydd ac yn ymarhous iawn i hollti unwaith y bydd yn sych. Defnyddiem lawer ohono yn styllod hefyd.

Sgotyn
O'r gwahanol binwydd, cyfrifir sgotyn yn bren safonol iawn i wneud drysau a ffenestri ac er ei fod o'r un teulu â ffawydd melyn nid yw i'w gymharu am ei lendid, ei barhad na'i hwylustod i weithio â hwnnw. Byddwn yn ei ddefnyddio i wneud siediau gwair ac yn fyrddau i wahanol gelfi.

Pinwydd Douglas
Mae'r binwydden Douglas yn debyg i'r sgotyn ond ei fod yn wylltach a thueddai i hollti ynghynt wrth ei hoelio. Mae tuedd i'r pry coed ymosod arno hefyd.

Masarnen
Ychydig o fasarn a gaem, dim ond ar gyfer y byrddau gwyn a fyddai yng nghegin pob tŷ fferm, neu unrhyw beth a ddeuai i gysylltiad â bwydydd gan nad oes blas nac arogl arno. Pren defnyddiol iawn i'r cowper i wneud llestri menyn yw hwn. Gwneuthum innau ambell holbren a malwr bara ceirch ohono ac ambell fwrdd tylino mân bethau megis sgons yn ogystal â llwyau pren. Padell bridd a ddefnyddid i dylino pobiad o does i wneud bara — digon am wythnos ar y tro.

Helygen

Mae helygen yn bren da i wneud dannedd cribin oherwydd ei wytnwch a'i ysgafnder ac mae'n haws i'w naddu nag onnen. Ceir mwy nag un math ohono. Fe'i defnyddid hefyd i wneud y pegiau sydd mewn dodrefn drwy'r fortais a'r telwm ac fe ddywedir ei fod yn dda i'w hollti i wneud ais i ddal llechi ar doeau fel y defnyddid cyll i'r un pwrpas. Heblaw hynny, gwnaent hoelion pren i ddal y llechi wrth yr ais ohono, ac yn ais i ddal cymrwd neu forter blew ar derfynnau stafelloedd oddi mewn i dai. Caent eu hollti'n ddellt fel y gwnaent efo derw i'r un pwrpas. Ni welais i erioed wneud hynny gan mai llifio coed meddal yn fodfedd wrth chwarter oedd y drefn yn fy amser i, ond ais y gelwid y rheiny hefyd — ac eisen am un.

Celyn

Celyn fyddai'r pren i wneud dannedd cocos melin neu i wneud rhywbeth lle byddai galw am galedwch digymar.

Afallen

Prin y byddai afallen ar gael ond byddai'n bwrpasol iawn i wneud pennau gyrdd i yrru polion gan ei fod yn dda rhag hollti ac am dyndra'r graen yn gafael yn ei gilydd. Nid oedd yr afallen wyllt neu bren crabaits hanner cystal at y gwaith. Rhoddem gylch am ddeupen yr ordd bren i'w chadw efo'i gilydd. Mae'n bren o liw hardd a defnyddiem o i ychwanegu addurn ar ddodrefnyn fel bwrdd neu ddrysau cwpwrdd.

Ffawydd coch, gwyn a melyn

Prynu ffawydd coch a wnawn gan y gwerthwr yn yr iard goed ar gyfer gwneud drysau a ffenestri ac unrhyw beth y byddai angen iddo fod o safon gwell na'r coed cartref. Yr un fath gyda ffawydd gwyn a fyddai yn amgenach coed na'r sbriws a dyfodd yng Nghymru na Lloegr. Ychydig o ffawydd melyn oedd ar gael er ei fod yn amgenach pren na'r holl goed meddal eraill.

Lancewood

Prynu coed 'Lancewood' a wnaem o Loegr ar gyfer gwneud llorpiau i'r ceir bach rheiny a ddefnyddid i fynd i'r ffair a'r farchnad yn rheolaidd efo'r ferlen yn trotian mor sidêt wrth ei dynnu. Roedd ambell un yn dal mewn bodolaeth yn y tridegau ond wedi ei ddiraddio i gario pwn i'r felin neu i bicio i'r siop a mân ddyletswyddau eraill. Pren melyn gwydn eithriadol, caled iawn a hyblyg neilltuol oedd 'Lancewood'.

Hickory

Prynem 'Hickory' hefyd ar gyfer y ceir bach, yn fyrddau ochrau ac yn gamogau ar gyfer yr olwynion. Dwy gamog oedd mewn olwyn o'r fath — nid chwech fel mewn olwyn trol a gwaith rheglyd braidd oedd eu gosod. Yr un math o olwynion dwy gamog oedd ar ddril hau hadau ac ar ddrag i lyfnu.

'Lancewood' a 'hickory' oedd y coed a geisiem i drwsio ac adnewyddu'r cerbyd a elwid yn fflôt. Defnyddid hwn i waith tipyn trymach na'r car bach a byddai ei wneuthuriad yn gryfach a thrymach drwyddo.

Pitch Pine

At waith capel ac eglwys y deuai galwad am 'pitch pine' ran amlaf, a hynny i atgyweirio'n unig, ond gwelais wneud pulpud unwaith ac astell i ddal y Beibl. Cyfyngid yr enw astell i'r pwrpas hwnnw. Styllen a roddem i drwsio gwaelod trol ond astell am y dodrefnyn i ddal y Beibl yn yr eglwys — ac yn y capel mae'n debyg, rhag cythruddo'r enwadau! Ceisiem beth 'pitch pine' hefyd at fframiau drysau tai a'r drysau os oedd eisiau rhai gwell na'r arferol.

Cymysgedd o goed a dibenion gwahanol i bob un a'r ansawdd yn wahanol hefyd yn aml. Byddai ambell bren yn groesgoed trwyddo ac yn anodd ei drin. Heblaw gwendidau eraill, byddai'r graen yn tonni ac yn anodd ei blaenio — rhaid fyddai ei droi lawer gwaith, yn ôl fel byddai rhediad y graen, i'w gael yn weddol lyfn. Rhaid oedd wrth fin gwell nag arfer ac ychydig iawn o afael yn llafn y plaen i'w gael yn rhywbeth tebyg i lyfn. Ond, er hynny, byddai graen hardd iawn arno pan lwyddid i wneud hynny.

Bydd pren llingar wrth fy modd ond mae'n anodd esbonio beth ydyw — mae fel amcan gof, ond byddwch yn ei adnabod wrth afael ynddo. Y mae yna rhyw sglein fwy nag arfer arno, a'r graen fel arfer yn rhedeg yn union. Y mae'n drymach hefyd na'r cyffredin o'r coed o'r un teulu. Y mae i'w gael mewn sbriwsen hyd yn oed. Mae rhywbeth yn fyw ynddo. Gwyddoch wrth ei gyffwrdd fod y bywyd hwnnw yngholl yn ambell bren a buan y dengys hynny wrth i chi ei drin. Mae rhywbeth yn grebach ynddo a dydi o ddim yn canu wrth ei blaenio neu ei daro.

'Calon Gron a Thraed Cathod' yw'r teitl ac mae'n sicr ei fod wedi bod yn benbleth i ambell ddarllenydd. Byddai gwendid mewn coed derw a elwid yn 'calon gron' — mewn castanwydd hefyd a rhai coed eraill, ond yn fwyaf neilltuol mewn derwen. Fe gaech gylch pedair neu bum modfedd ar ei draws o bren rhydd drwy ganol y goeden, a byddai gweddill y pren o'i gwmpas yn fân graciau gyda rhywbeth tebyg i laeth scim yn llifo ohonynt. Prin y byddai'r goeden honno yn werth cyboli efo hi.

Mewn derwen a llwyfanen y gwelir 'traed cathod'. Ar ôl llifio'r goeden yn fyrddau fe welwch glystyrau o geinciau bach yn dynn yn ei gilydd, wedi eu ffurfio yn y tyfiant. Weithiau byddant yn glystyrau bach ar wahân i'w gilydd fel petai cath â'i thraed yn fudron wedi cerdded ar hyd y bwrdd; dro arall maent yn drwch dros wead y pren i gyd. Wedi ei lathru a'i lyfnhau mae yn bren hardd neilltuol a thelir pris mawr amdano i wneud dodrefn. Ond at waith saer troliau nid yw fawr o werth. Edrychwch ar fonion derw'n tyfu ac ambell dro fe welwch rhyw fân ganghennau main yn tyfu ohonynt — y rhain sy'n achosi'r traed cathod yng ngraen y pren oddi mewn. Nid oedd 'calon gron' na 'thraed cathod' yn dderbyniol iawn gan seiri gwlad.

Ar ôl yr heth ar ddechrau blwyddyn byddai pethau'n dechrau sionci at y gwanwyn a throliau eisiau eu trwsio, llidiardau i'w gwneud, olwynion i'w cantio a siediau gwair i'w codi a'u trwsio yma ac acw. Gosodid ugeiniau o bladuriau a chyn pen dim roedd hi'n gynhaeaf gwair gwyllt a malu'n rhan o'r drefn hyd ddiwedd y cynhaeaf ŷd. Deuai bocsus tatws rif y gwlith ar ôl hynny. Trwsio injan ddyrnu neu ddwy yn barod at eu tymor wedyn.

Cymhennu dipyn ar y felin a chodau'r olwyn ddŵr yn barod at falu'r grawn yn ystod y gaeaf. Atgyweirio drysau a ffenestri a gwneud rhai newydd i ddiddosi adeiladau yr ardal cyn y tywydd mawr. Cyn y Nadolig byddai plant yn esgus galw i lygadu rhag ofn fod rhywbeth yng nghonglau tywyll y gweithdy a fyddai'n debyg o gyrraedd eu cartrefi nhw. Ac yna'r dydd yn araf 'fystyn a'r rhod yn troi i ail gychwyn blwyddyn arall.

Trin coed i fyw y bûm i'r rhan fwyaf o'm hoes. Pethau rhyfeddol ydynt. Er eu tebygrwydd 'does yr un 'run fath â'i gilydd yn hollol. Mae i bob pren ei nodweddion neilltuol ei hun, hyd yn oed y rhai o'r un teulu. Maent fel pobl. Wrth adnabod gwahanol goed byddaf yn gweld y nodweddion amrywiol rheiny mewn pobl yn aml. Ambell hen dderwen geinciog wedi ei chreithio gan stormydd. Onnen ystwyth wydn a sbringar. Lartsen benuchel (— onid ydym yn dal i sôn am rhywun yn "lartsh"? —) a sbriwsen lingar. Ambell bren yn bwdr oddi mewn er tybio gwell wrth edrych arno'n tyfu. Ac arall yn amgenach na'i olwg ac yn codi calon dyn wrth ymdrin ag o.

Roedd yr hen drefn yn dechrau tynnu'i thraed ati yn y tridegau a dim ond ei chynffon a welais i mewn gwirionedd. Oherwydd amgylchiadau, cwta flwyddyn o brentisiaeth ffurfiol a gefais, ond gan fod saera yn yr hil ers cenedlaethau mae'n debyg fod rhywun yn dysgu ynghynt — heblaw fy mod o hir sylwi wedi dod i adnabod rhagoriaeth neu ffaeledd gwahanol goed ar y fainc ymhell cyn i mi ymadael â'r ysgol ac ymroi at y gwaith. Mae adnabod eich coed yn llawn mor bwysig â'r gallu i'w trin.

Diau i mi golli llawer o eiriau, dywediadau ac arferion y grefft gan fod yr hen gyfnod yn tynnu at ei derfyn ond mae'n ddiamau i mi ddysgu dipyn ar ôl hynny — ac yn dal i ddysgu o ran hynny — gan hen amaethwyr yr ardal. Roedden nhw'n gwybod yn iawn be oedd be. Rhyfeddwn yn aml. Ymhle cafodd Elis Hafod Las ei wybodaeth fanwl am fesuriadau'r golau rhwng ffyn llidiart? Sut y gwyddai Dafydd Tŷ Nant beth oedd hyd sgilbren caseg gyfebr? Gwyddai John Fron Ddu yn iawn fod cribin bach i fod i gerdded. Manion dibwys gallasech feddwl, ond manion er hynny oedd yn hwyluso'r gwaith ac yn gwneud yr anghelfydd yn gelfydd.

Eglwys a mynwent Ysbyty Ifan

Eirch

"Cydia yn ei thraed hi — ac o ddifri hefyd."

Un ar bymtheg oed oeddwn i ar y pryd, yn gafael yn y corff cyntaf i mi afael ynddo erioed. Theimlais i fawr ddim am wn i ond rwy'n cofio hyd heddiw fod y traed rheiny yn gythreulig o oer, er iddi fod yn wres poeth ar ddiwedd Gorffennaf. Hoffais i erioed mo'r gwaith, yn enwedig pan fyddai rhywun ifanc wedi marw. Drwy drugaredd, welais i fawr o'r rheiny, na phlant chwaith. Rhywfodd caledai rhywun i'r gwaith er bod y rhan fwyaf ohonynt yn gydnabod — rhai'n hoffusach na'i gilydd, mae'n wir. Rhag i rai hen eiriau a gofiaf, rhai o'r arferion oedd unwaith yn gyffredin a pheth gwybodaeth a lynodd wrthyf fynd ar ddifancoll llwyr, tybiais mai da fyddai eu croniclo cyn i 'nhraed innau oeri.

Gwaith digon caled oedd gwneud arch yn y dyddiau hynny. Yn y blynyddoedd cyntaf, coed derw cartref a ddefnyddiwn a hwnnw fel asgwrn. Cawsai ei fras blaenio gennyf yn fuan wedi iddo ddod o'r felin lifio tra'n feddalach a gwlyb. Wedi ei gadw am beth amser i sychu fe gâi ei lanhau a'i lathru pan ddeuai'r alwad. Byddai ambell sét wedi ei gadael weithiau, ers blynyddoedd lawer efallai, heb ei phlaenio a'r cyflenwad newydd heb gyrraedd neu heb sychu'n ddigon da a rhaid oedd defnyddio honno. Fe redai'r chwys yn afonydd wrth blaenio'r rheiny. Caledwaith dygn iawn. Yn rhyfedd iawn, ond yn aml hefyd, os byddai galwad am un arch mi fyddai galwad am dair o fewn ychydig amser i'w gilydd, fel petai'r glas yn mynnu gyrru'r neges adref.

Diolch i'r drefn, fe ddaeth dyddiau ysgafnach a phrynwn goed wedi eu paratoi, eu plaenio a'u llyfnhau a brathiadau'r ysgwyddau wedi eu llifio'n barod i'w plygu. Roedd cael arbed llifio saith neu naw brath ar draws dau fwrdd pedair modfedd ar ddeg neu bymtheg modfedd o led, a hwnnw fel asgwrn, yn beth i'w werthfawrogi. Dim ond mater o dorri i'r mesur, hoelio, berwi'r crochan pyg a rhoi farnais cyn gosod yr addurniadau oedd hi wedyn. Cawn waelodion o bren llwyfen a'r gweddill o dderw'r Amerig neu Siapan heb gainc ar eu cyfyl. Roedd hi fel gwyliau.

Daeth newid hyd yn oed ar hynny erbyn heddiw — papur llwyd neu rhywbeth tebyg wedi ei wasgu a'i lynu wrth ei gilydd a slifren denau o dderw, castanwydd neu lwyfen arno ydi hi erbyn hyn. Aeth gwaelod llwyfen yn "elm bottom" fel pe bai hynny yn ei ddyrchafu i fod y pren gwerthfawroca erioed. Am wn i fod pobl, o'i glywed mewn iaith estron, yn rhyw hanner tybio ei fod o well ansawdd na phren llwyfanen gyffredin. Rhyfedd o genedl, a minnau i'w chanlyn. Ychydig iawn o neb sy'n gwneud arch erbyn heddiw p'run bynnag. Maent i'w cael yn barod, yn sgleinio'n neis, yn syth o'r ffatri. Dim ond gosod y plât a'r enw arno sydd raid.

Rhaid oedd codi bob awr o'r nos i wneud arch os byddai galw. Un neu ddau o'r gloch y bore y cefais fy nghodi lawer tro. Roedd rheswm da dros hynny. Roedd y tai yn fychain ac roedd yn arferiad nad elai neb o'r teulu i'w gwelyau hyd nes byddai'r corff yn yr arch er eu bod ar eu traed y nos ers nosweithiau efo'r claf ambell dro.

Nid oedd sôn am "Chapel of Rest". Pwy ddyfeisiodd y fath dwyll o enw 'sgwn i? Byddai'r mwyafrif yn marw adre. Gadewid golau yn y llofft dros nos — rhag y llygod medden nhw. Weithiau byddai'r aroglau'n gryf a'r amser hynny fe gymerid nionyn a'i falu'n fân i soseraid o lefrith a'i osod ar ben y grisiau. Pan elwid ar y saer yn hwyr y nos felly, byddai bwyd ar ei gyfer cyn iddo ddechrau gweithio. Pobl garedig oeddynt. Ond yn wir, roedd eisiau stumog o gastîl i wynebu samon tun yn domen binc ar eich plat am dri o'r gloch y bore o dan amgylchiadau o'r fath.

Ambell dro byddwn wedi dechrau'n gynnar min nos a dal i weithio yng ngolau cannwyll neu ddwy. Arhosai gweision a meibion ffermydd yn y gweithdy i estyn a chyrraedd a dal y gannwyll fel y byddai angen. Arhosai ambell un ohonynt hyd hanner nos ac un a rhagor weithiau cyn diflannu drwy'r gwyll i'w cartrefi. Cymerwn hoe fach tua thri o'r gloch y bore ac awn i ben y drws i wrando ar y nos. Weithiau byddai'n serog glir a rhewllyd gadarn; weithiau'n dyner, dawel. Teimlad annaearol oedd y tawelwch hwnnw. Dim ond y fi a'r arch; roedd popeth arall fel pe bai wedi sefyll am byth ond yn sydyn clywn yr hen ddaear fel pe'n dadebru a'r galon fawr yn ail ddechrau curo. Ambell dro byddai'r awel yn cwyno'n llaes yn y pinwydd wrth gefn y gweithdy fel sŵn anobaith llwyr. Dro arall sgrialai'r gwynt y lluwch drwy bob rhyw rigol fain yn y gweithdy cyn carlamu i lawr y cwm. Tybiwn weithiau i mi glywed chwerthiniad cras yn ubain y corwynt fel pe'n cael hwyl am ein pennau, ddynionach pitw. Fe ddeuech i wybod eich maint ar amseroedd felly. Fel arfer, byddai amryw o bensiynwyr y llan yn ymweld â'r gweithdy yn ddyddiol; eisteddent yno, rai ohonynt am oriau. Ond pan fyddai arch ar y meinciau, ni welid yr un ohonynt yn tywyllu'r lle.

Byddai ambell un yn marw'n sydyn ac os oedd o faintioli go helaeth, roedd perygl i'r corff chwyddo. Pan fyddwn i'n amau hynny byddwn yn rhoi "carchar" ar yr arch. Mewn gwirionedd nid oedd ond darn o bren rhyw ddwy fodfedd a hanner wrth fodfedd o drwch ar draws top yr arch o dan y caead i atal yr ochrau rhag lledu allan. Torrwn ei bennau ar ffurf cynffon deryn a'i sincio i doriadau o'r un ffurf yn yr ochrau a'i sicrhau â sgriws. Pe digwyddai'r chwyddo a minnau heb ragweld hynny awn allan i'r cae agosaf i chwilio am dywarchen wlyb drom, ei lapio mewn cadach a'i gosod ar y corff.

Dros bob ffenest cegin a pharlwr yn y llan byddai'r bleinds wedi eu tynnu cyn yr elai'r cynhebrwng heibio. Gwyddech o'r gorau, er hynny, fod llygaid yn gwylio o ffenestri'r llofftydd. Llenni sydd arnynt heddiw ond ni fyddaf yn gweld neb byth yn eu cau.

Arferai'r saer fynd â mymryn o sebon gydag o ar ddydd yr angladd. Tynnai'r sgriws drwyddo rhywbryd pan fyddai'r gwasanaeth yn y tŷ yn tynnu tua'r terfyn. Roedd tuedd yn ambell sgriw i roi rhyw wich anghydnaws wrth ei throi.

Gwyddai'r mwyafrif mai dyna'r adeg y byddai'r saer yn sgriwio'r caead am y tro olaf. Gallasai sŵn annhymig felly beri anesmwythyd dybryd i ambell un heb raid nac achos!

Tybiais yn fy mhlentyndod glas fod amdo yn wisg am y corff cyfan, a bu'n broblem nid bychan i mi sut y gallai neb ei gwisgo am rhywun oedd wedi marw. Roeddwn wedi gweld bocseidiau ohonynt yn y cwpwrdd yn y llofft gartre pan oeddwn yn blentyn. Ni fûm erioed mor hy ag agor yr un. Ymhen amser deallais nad oedd amdo yn ddim ond gorchudd dros y corff wedi'r cwbl. Roedd gwahanol fathau ohonynt. Rhyw dri swllt oedd eu pris ar gyfartaledd, ond roedd rhai drutach os oedd galw am hynny, gydag addurniadau porffor arnynt ac roedd rhimynnau o ddefnydd o'r un lliw i'w roi oddi mewn i gydweddu â'r amdo ddrud.

Saith a chweugain oedd pris yr arch gyntaf a wneuthum fy hun. Roedd yn dderw solet: wn i ddim faint a gostiai heddiw. Byddai gwahanol fathau o addurniadau — rhai duon rhad iawn sef hen stoc o ddyddiau'r rhyfel mawr cyntaf, rhai pres neu o liw pres a rhai o liw arian. Mynnai rhai teuluoedd, cyn fy amser i, gael tynnu'r plât a'r enw arno oddi ar y caead wedi'r angladd a'i gadw adref neu ei hoelio ar dalcen sêt y teulu yn yr eglwys.

Un a glywais i'n cwyno am bris arch wrth fy nhad. Roedd yn enwog am gwyno am bopeth prun bynnag a chafodd o fawr iawn o wrandawiad. Dywedwyd wrtho am gymryd cysur gan na fyddai raid iddo byth dalu am ei ripario.

Byddem yn prynu rholyn o galico yn y siop ddillad leol i leinio oddi mewn i'r arch. Yn llathen o led, câi ei dorri ar hyd ei ganol i gael hanner llath o bobtu ar yr ochrau a'r talcenni. Gwnaem barsel â darn ohono wedi ei lenwi â shafins i wneud gobennydd. Awn â'r plât i'r dref agosaf i gael torri enw arno a rhoi'r dyddiad ac oed yr ymadawedig yn ffigyrau bras ar ei waelod.

Pan ddeuai'r alwad rhaid oedd cael rhywun i ddiweddu'r corff. Dyna'r dywediad yn yr ardal am olchi'r corff, croesi'r dwylo ar ei draws a chau'r llygaid os na fyddent wedi cau eisoes. Os byddai tuedd i agor ynddynt, rhoddid ceiniogau ar yr amrannau (ceiniogau oedd yn dipyn mwy na'r ceiniogau heddiw) i'w cadw ar gau nes byddai'r corff wedi oeri'n llwyr. Arhosent felly wedyn er tynnu'r ceiniogau. Daeth gweinidog newydd i'r ardal tua diwedd y tridegau ac nid oedd erioed wedi clywed am y dywediad "diweddu'r corff".

Tybiodd y creadur yn ei anwybodaeth nad oedd y person wedi marw yn hollol ond nad oedd dim gobaith iddo adfywhau a bod rhywun yn mynd yno i'w orffen yn iawn. Credodd hefyd, yn ddiamau, fod gwir angen cenhadwr ymysg paganiaid mor anwar! Bu fy nain Pen y Bont yn gwneud y gwaith am flynyddoedd lawer cyn i mi ddechrau gweithio. Ond ni fu prinder wedyn o rai i wneud y gymwynas olaf hon.

Defnyddiem hers geffyl i gario'r eirch o'r ffermydd. Ciartar y fferm lle roedd y brofedigaeth a fyddai efo'r ceffyl fel arfer. Byddai eisiau

25

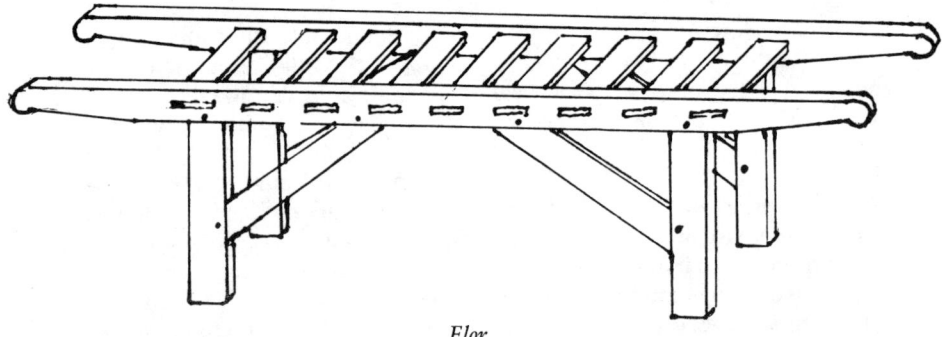

Elor

glanhau'r hers cyn y cynhebrwng a chawn goron am wneud. Rhaid oedd iro'r gêr hefyd, yn dordres a thindres, yn fasg a choler a glanhau'r addurniadau pres a'r mwnci. Roedd hyn yn gynwysiedig ym mhris glanhau'r hers heblaw rhoi ired yng nghwpanau pres yr echelydd, iro'r wels a rhannau symudol y brêc. Os byddai rhywun oddi allan i'r ardal yn defnyddio'r hers roedd ei daliad o yn uwch. Hers y plwy oedd hi.

Roedd yna elor hefyd yn y cwt lle cedwid yr hers a byddai honno yn cael côt o farnais yn achlysurol.

Cario ar ysgwyddau neu gerfydd yr handlenni oedd yr arferiad yn y llan y rhan amlaf. Clywais y gair 'trontol' yn cael ei ddefnyddio am handlen unwaith neu ddwy. Cawsai'r gair ei ddefnyddio beth yn amlach am handlen basged a phot peint. Byddai'r elor yn cael ei gosod wrth borth y fynwent i ddal yr arch tra'n disgwyl i'r person plwy ddod yn ei wenwisg i lafarganu "Myfi yw'r atgyfodiad a'r bywyd". Defnyddiwn yr elor i gario o dai'r llan ar achlysuron neilltuol.

Trafaeliai'r saer ar y fainc ar ben yr hers efo'r ciartar. Rhaid oedd i'r saer gerdded i fyny'r gelltydd garwaf a strocen yn ei law yn barod i'w rhoi tu ôl i'r olwyn pan benderfynai'r ciartar ei bod hi'n bryd i'r ceffyl gael rhyw 'ffwys bach a chael ei wynt ato. Rhyw lwmp o bren ar ffurf trybedd oedd y strocen a choes tua dwy droedfedd go dda o hyd ohono.

Unwaith yn unig y cofiaf glywed darllen ewyllys ar ôl angladd. Rhyw hen wraig fach, gam oedd yr ymadawedig a elwid yn Betsi Tan Cafnau — ni chlywais erioed gyfenw iddi. Nid oedd yn ddim o musnes i i fod yno, oherwydd tua saith oed oeddwn i, heb fod yn perthyn dafn o waed iddi cyn belled ac y gwn. Ond llwyddais rhywsut i stwffio i mewn i'r gegin dywyll efo'r teulu. Fel y mwyafrif yn y llan doedd ganddi hithau chwaith ddim llawer i'w adael

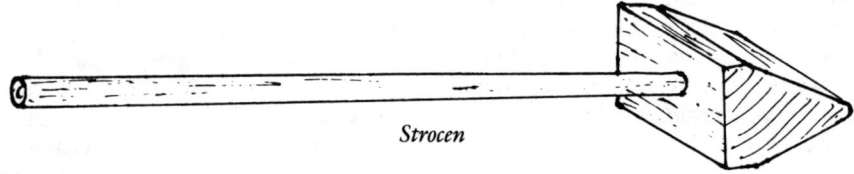

Strocen

er iddi'n ddiamau fyw yn ddigon gonest a gweithgar. Y math arall yn aml sy'n gadael fwyaf.

Yr oedd trefnu angladdau yn waith nad oeddwn yn rhy hoff ohono a byddai rhywun yn cael ei roi mewn sefyllfa ambell dro, nad oeddech yn siwr beth i'w ddweud. Cefais fod y ffin rhwng y difrif a'r digrif yn denau iawn yn aml. Yr oedd hi'n llawer haws mynd at ambell deulu trallodus na'i gilydd. Roedd marwolaeth yn cael ei dderbyn yn rhan o natur, fel tymhorau'r flwyddyn gan rai, ac i eraill yr oedd yn ysgytwad milain.

"Sgin ti goed Huw?" Dyna fel y gofynnodd un pan oedd ei frawd ar ei wely angau. "Fydd o ddim yn hir rŵan iti." 'Does bosib nad oedd y brawd yn clywed; bechan oedd y siambr, prin deirllath sgwâr.

Beth a ddywedai rhywun dan amgylchiadau felly? Bod yn gynnil hefo geiriau am wn i oedd y peth gorau, fel Robart Pant Glas. Symudodd y teulu, y ddau frawd, — hen lanciau a chwaer — hen ferch, i fyw i Dyn-y-bryn, ar ôl gorffen ffermio ym Mhant Glas. Cadwai ffermwr Trebeddau, fferm gyfagos, wartheg yn yr adeiladau yn Nhyn-y-bryn a deuai'r gwas yno fore a hwyr i ddyfrio'r anifeiliaid. Un min nos gaeafol, rhoes Robart ei ben heibio ffrâm y drws a gweiddi ar y gwas "Cer i nôl y doctor," Roedd Defi ei frawd yn sâl. Y bore dilynol, rhoes Robart ei ben eilwaith heibio'r postyn, "Cer i nôl y saer." Roedd y stori wedi ei dweud.

Nid pawb oedd mor gynnil ei eiriau. Byddwn yn galw heibio ambell dŷ yn y llan pan glywn fod rhywun yn cwyno. Nid i chwilio am waith, a'm gwaredo, ond i fod yn weddol gymdogol.

"Clywed eich bod chi'n cwyno," meddwn i wrth rhyw wraig, "O, dim ond rhyw anhwylder bach ar y stumog," meddai hithau. "Mae'n rhy fuan i ti ddod hefo dy dâp mesur." "Rhaid fod yna rhyw hen slecod o gwmpas," meddwn innau, "Yn rhyfedd iawn roedd 'hon a hon' yn cwyno 'run fath yn union, ddoe ddwytha'n y byd."

Er bod golwg bregus arni cynt, dyma hi'n tanio.

"Ryfedd yn y byd," meddai, "tawn i wedi piso trwy nghlustia', mi fydde honno wedi gwneud o 'mlaen i."

Lle oer yw mynwent ar y gorau, ac mi roedd hi'n oer festiffol rhyw bnawn yn angladd rhyw hen wraig. Roedd hi'n amlwg ers meitin fod person y plwy wedi cymryd gormod o'r ffisig melyn i'w gadw'n gynnes. Gwaethygu roedd pethau fel yr elai'r gwasanaeth yn ei flaen. Roedd y pridd wedi rhewi'n gorn a bu'n hir yn palfalu am ddigon i'w daflu ar gaead yr arch. Aeth yn benysgafn, siglai fel corsen ar y planciau. Cael a chael fuo hi i Bob Roberts y clochydd a minnau ei halio'n ôl i ddiogelwch, wrth iddo wyro hefo'r "lludw i'r lludw" i gyfeiriad caead yr arch.

Amcan, Mesur, Cribin a Llidiart

Dywedir fod amcan gof yn well na mesur teiliwr.

Roedd cymariaethau â theilwra yn gyffredin a rheini'n rhai digon lliwgar ambell dro: "Tila fel rhech teiliwr". Sŵn cynghanedd mae'n debyg yn apelio yn hytrach na bod dim gwirionedd yn y gosodiad. Er hynny mae'n siŵr fod peth drwg deimlad wedi goroesi ers pan fyddai'r teiliwr yn cael amgenach lle ar rai o'r ffermydd oherwydd ei fod yn gweithio i'r merched yn y tŷ, a'r saer yn rhynnu yn yr hofel. Onid yw'r gân yn dweud: "Pys gleision neis a phwdin reis i'r teiliwr"? Ond oherwydd gwahaniaeth natur y ddwy grefft y gwnaed y cymariaethau hyn, mae'n siwr. Roedd cryn wahaniaeth rhwng gwthio nodwydd drwy frethyn a gyrru edyn i fothau troliau.

Pwysig ryfeddol oedd yr 'amcan' yma. Nid gair arall am fwriad oedd o, nac ydi o chwaith, ond gair am rhyw syniad annelwig. Roedd amcan faint o olau i'w adael rhwng pennau camogau wrth gantio olwyn yn bwysig. Dibynnai ar pa mor solet oedd y foth, pa mor gadarn oedd yr edyn ac ambell dro ar drwch y cylch haearn. Os byddai'r cylch wedi gwisgo'n denau iawn a'r perchennog yn rhy dlawd neu yn rhy arw i roi un newydd nid oedd diben gadael llawer o olau. Rhaid oedd pwyso a mesur ac ystyried yr oblygiadau i gyd i gael hyd i'r amcan. Petai swm y golau rhwng y camogau yn dri wyth, ffolineb fyddai rhoi modfedd a chwarter o wasgiad yn y cylch. Nid oes rheol dechnegol bendant, dibynnai ar eich crebwyll, fwy na heb. Teimlo'r peth ym mêr eich esgyrn a wnewch — rhywbeth tebyg i fel mae'r defaid yn gwybod o flaen proffwydi'r tywydd ei bod hi am storm ac yn hel am gysgod ymhell cyn i Mr Fish agor ei geg. Nid mater o ddysgu rheolau gosodedig ydi'r 'amcan' yma ond rhywbeth a gymer flynyddoedd i grynhoi yn eich mêr. Mae'n dod ynghynt i ambell un. "Mae cyw o frîd yn well na phrentis" ac mae ambell un, na ddaw o byth dragywydd i ymdeimlo ag o.

Heddiw ar ddysg y mae'r pwyslais nid ar y gwneud. Dysgu ar bapur. Mae'n siwr fod rhyw rinwedd yn hynny ond waeth heb â dysgu am nofio heb fynd i'r dŵr.

Er ein bod o reidrwydd yn manylu hyd at drwch shafen denau wrth fesur, ni fyddem byth yn dweud un rhan o ddeuddeg ar hugain neu un rhan o bedair a thrigain. Byddai wythfed, chwarter, tri wyth, hanner modfedd, pum wyth a thri chwarter yn naturiol gyffredin ond unwaith y byddai'r mesurau yn fanylach na hynny byddid yn troi i'r Saesneg o bob peth. Hanner modfedd a "sixteenth" neu chwarter a "sixteenth". Ni fyddem byth yn dweud saith wyth chwaith, byddai hwnnw'n ddieithriad yn mynd yn "seven eighth". Mae hi'n dal felly yn anffodus ond crybwyllais eisoes mai cenedl ryfedd ydym.

Defnyddiem 'finwedd' fel mesur, sef mesur yn seiliedig ar drwch ewin. Byddai'r hen Gymry yn defnyddio'r corff i fesur — megis modfedd (– mesur y bawd) a throedfedd (– mesur y troed). Rhyw fymryn dros, neu o dan, y mesur oedd y finwedd hon. Dywedem "chwarter a rhyw

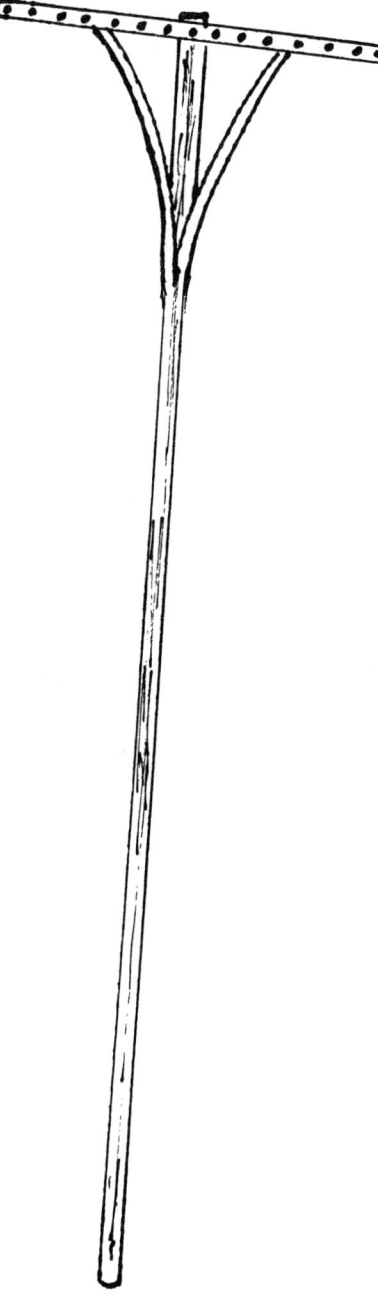

Cribin Bach

finwedd". Mymryn mwy na'r mesur honedig oedd hyn — ac roedd o'n llai nag un rhan o bedair a thrigain o fodfedd. Bron nad oedd ond rhaid i chi feddwl amdano fo ac mi fyddai hynny'n ddigon. Teimlo'r peth heb ddefnyddio pren mesur o unrhyw fath. Perthynas agos i'r 'amcan' oedd hwn.

Hanner coron oedd cribin bach yn y tridegau a chyn lleied â dau a thair weithiau os byddai rhyw nam arni — "shop soiled" decini fel y byddant yn ei ddweud yn yr oes hon. Os y gwnaech chi bump ohonynt mewn diwrnod, roedd hynny yn gyfrif go lew. Nid oedd yn talu wrth gwrs ar ôl ymlafnio i daflu'r coed a'u llifio a thalu amdanynt — er lleied oedd hynny — a gwneud y gribin a cholli amser, mae'n debyg, i fargeinio rŵan ac yn y man. . .ond roedd yn well na dal eich dwylo'n gwneud dim.

Gwnawn y goes yn grwn hyd o fewn tua dwy droedfedd i'r man y cysylltid y pen â hi. Byddai'n fodfedd ac wythfed o draws fesur ac yn meinhau rhyw fymryn i'r pen arall. Byddai camdra, neu grwb, yn y rhan lle byddai'r coes yn dechrau fforchi. Llifiwn y gweddill sgwâr am tuag ugain modfedd, fel y byddai llafn tua thri wyth o drwch neu fwy ar yr ochr ucha, ac yna llifio'r darn o dano drwy'i hanner yn groes i'r llifiad cyntaf fel y byddai yna dair ffon yn y diwedd. Y gamp oedd lledu'r ddwy ffon isa a'u plygu nes y byddai tua throedfedd rhyngddynt yn y blaen i fynd i'r tyllau oedd wedi eu torri ar osgo yn y pen. Os na fyddid wedi llifio'n ddeg neu heb fynd â'r llifiad rhwng y ddwy ffon isa yn ddigon pell tu hwnt i'r llifiad cyntaf byddai un o'r ffyn yn siŵr o dorri neu hollti allan a dyna ben ar hwnnw. Fe wnâi goes brwsh llawr a dyna'r cyfan.

Roedd pen y gribin yn ddwy droedfedd a hanner modfedd o hyd, ac yn fodfedd a chwarter wrth fymryn llai na modfedd yn ei ganol, lle torrid y fortais i gymryd y llafn tri wyth o'r coes, âi yn feinach yn y pennau. Ar y dechrau mi fyddai yna bedwar dant ar bymtheg mewn pen cribin. Mae'n siwr fod gwair rhosydd yn fanach gwair na gwair y dolydd, ond y rhan amlaf dau ddant ar bymtheg a fyddai ynddynt. Fel yr elai'r blynyddoedd heibio a phobl yn peidio â bod mor fanwl, a'r gwair efallai'n mynd yn frasach oherwydd gwrteithiau pryn, aeth rhif y dannedd i lawr i dri ar ddeg, er bod y pen yr un hyd. Rhaid oedd i'r fortais a'r tyllau fod ar osgo fel y byddai'r gribin orffenedig yn cerdded. Yr osgo oedd yn peri i'r dannedd lithro yn rhwydd ar hyd wyneb y tir heb fachu'n ormodol yn y ddaear wrth gribinio a thannu 'stodiau. Dylai'r dannedd fod yn agos i wastad â'r ddaear wrth i'r cribiniwr ddal y goes ar osgo a'r blaen cyfuwch â'r ysgwydd, a'r pen rhyw ddwy droedfedd neu ragor oddi wrth ei droed.

Onnen oedd y cyfan o'r gwneuthuriad ar wahân i'r dannedd a gaent eu gwneud o bren helyg ambell waith.

Yn aml, byddai galw am gribin dynes gan fod y rhan fwyaf o ferched y ffermydd a'r morynion yn gweithio allan yn y cynhaeaf! Roedd yn ysgafnach, yn goes a phen, ac yn fyrrach o fodfedd neu ddwy. Byddwn yn gwneud rhyw bump neu chwe dwsin o gribiniau, a rhagor weithiau. Dibynnai'r cyfrif ar yr amser a fyddai ar gael cyn i brysurdeb gyda phethau eraill ddechrau.

Deuai ambell un i'r gweithdy a phrynu un neu ddwy agosaf i law. Nid felly pawb. Cymerai Elis Hafod Las oriau i ddewis un. Gafaelai ynddynt o un i un, gwnâi osgo cribinio, pwyso a mesur, taro llygad ar hyd y coes, archwilio'r dannedd a neilltuo ambell un i'r rhestr fer. Mwy nag unwaith a dwywaith yr âi drwy'r domen i gyd cyn dod i'r penderfyniad olaf. Mae pobl heddiw'n prynu fferm â llai o fanylu. Bûm yn ei wylio, o ran cywreinrwydd, sylwi a holi beth oedd y rhinweddau yn yr un a ddewisai, a'r "gwrthwyneb feiau" yn y gwrthodedig rai. Nid oedd llawer o wahaniaeth, a phrin y gallai neb arall ei weld. O dipyn i beth y deuthum innau, o leiaf i feddwl fy mod yn gwybod, beth oedd yn iawn a beth oedd ddim yn rhyw hollol berffaith. Dyna'r math o goleg oedd ar gael a'r math o addysg a drosglwyddid o genhedlaeth i genhedlaeth.

Rhai fel yna oedd llawer ohonynt a ddeuai i'r gweithdy. Pobl sylwgar, golau a gwybodus yn eu maes.

Gwyddent hyd yn oed sut oedd rhannu'r golau rhwng ffyn llidiart. Tair modfedd a hanner o waelod y bonbost i ymyl isaf y ffon gyntaf, pedair rhwng y gyntaf a'r ail, pedair a hanner, chwe modfedd a rhannu'r ddau arall yn gyfartal, tuag wyth i naw modfedd fel arfer. Dibynnai ar y ffyn a wahaniaethent yn eu lled o dair i bedair modfedd yn y bôn ac yn culhau rhyw ychydig at y blaen. Byddai chwech o ffyn fel arfer, er mai pump oedd yr arfer ar lawr

*D. O. Jones, Tŷ Ucha, Cwm Eidda gyda chribin ddiweddar
a choes pladur newydd o waith Huw Selwyn*

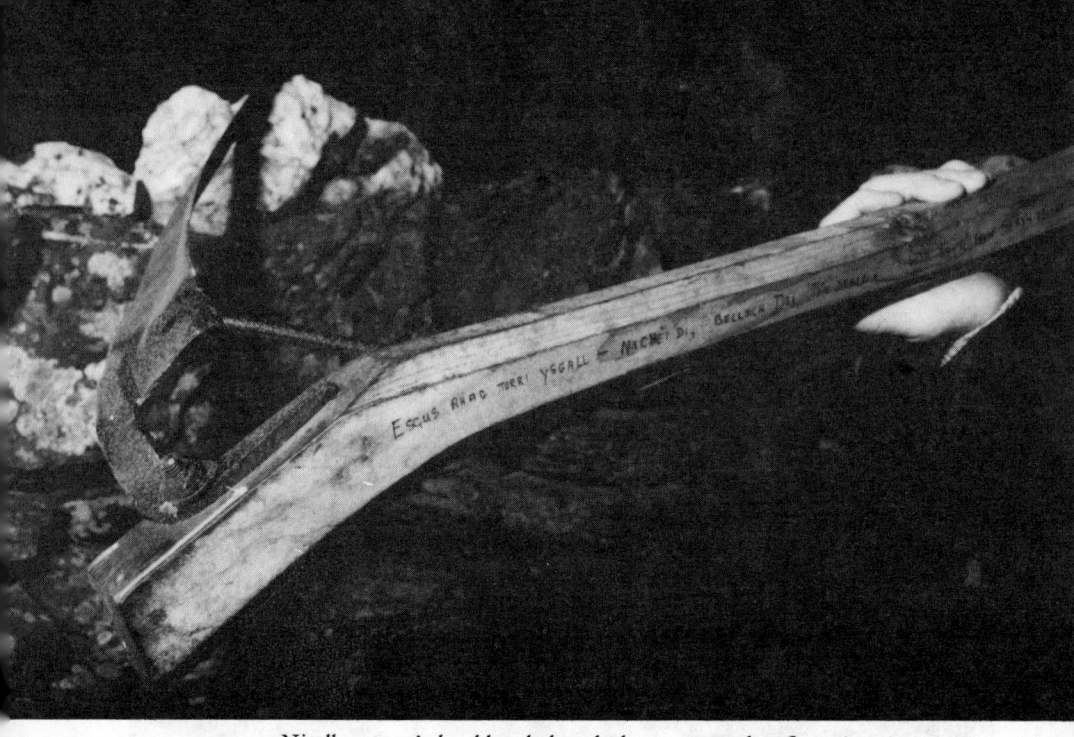

Ni all y saer a'r bardd gwlad wrthod yr awen wrth gyflwyno'r goes pladur i D. O., bardd gwlad arall. Dyma'r englyn a sgwennodd Huw ar y goes:

Esgus rhag torri ysgall — ni chei di,
  Bellach, Dei — 'ti'n deall?
Wir ddyn, hwn bery'n ddi-ball,
  Medd Saer, am ddwy oes arall.

gwlad. Mae'n debyg fod yr anifeiliaid yn fanach ar diroedd llwm y topiau. Hyd y bonbost fyddai pedair troedfedd a chwe modfedd a phedair neu bump o led wrth dair modfedd o drwch — dibynnai ar hyd y giât. Tua thair modfedd sgwâr oedd maint y blaenbost a modfedd yn fyrrach. Ni fyddai'r adwyon yr adeg honno lawer lletach na saith troedfedd a chwe modfedd. Prin fod deuddeg troedfedd yn ddigon erbyn hyn ar gyfer yr anghenfilod o gelfi sydd ar ffermydd heddiw. Byddai llawer o wneud giatiau raels crynion. Prynai ffermwr y raels yn y goedwig pan fyddai'r stâd yn teneuo coedwig lartsus a galw'r saer i'r buarth i'w rhoi wrth ei gilydd yn giatiau.

Roedd bonion y raels yn ddigon cryf i wneud y bonbyst, y rhan nesaf i wneud y blaenbyst, cawn raelsen wedyn, yn ddigon o hyd i led y giât. Byddai'r golau rhyngddynt yn fwy na'r golau rhwng y giatiau raels fflat. Defnyddiem y gweddill meinaf i wneud coed croesion i gryfhau'r raels. Felly y byddai'r cwbl bron o'r goeden yn cael ei defnyddio. Tyllau crynion fyddai yn y bonbost a'r blaenbost i dderbyn y raels a'u wedjio i'w sicrhau. Wedjen fyddai'r gair ar lafar; anaml iawn y clywais y gair "lletem" amdani. Byddem yn mynd o fferm i fferm i wneud rhyw ddeg neu ddwsin, neu fwy ar ambell fferm. Cai rhai ohonynt eu hongian yn daclus a rhai eu rhwymo â chortyn coch neu wifren a rhai eu taro ar fwlch fel y byddai'r angen.

Ffordd rad i'w hongian ar un ystyr oedd defnyddio gwrysgen, a llidiart wrysgen fyddai'r enw arni. Math o gangen yn fforchi oedd y wrysgen. Y tro cyntaf i mi weld un yn cael ei gosod, oedd y tro yr euthum efo nhaid Pen y Bont i fferm f'ewythr yn y cwm nesaf. Wn i ddim faint o gymorth oeddwn i'n ddeg oed, ond cofiaf iddi fod yn fore o wanwyn braf.

Cododd fy nhaid bentan o gerrig i'r uchder priodol, rhoddodd dywarchen ar ei ben a cherddodd y ddau ohonom goedfa gyfagos i chwilio a dewis fforch o bren pwrpasol. Gosododd goesau'r fforch ar y dywarchen a chodi clamp o garreg i orwedd arnynt i'w sicrhau yn eu lle. Torrodd dwll yn y ddaear, rhyw dair modfedd o ddyfnder wrth fôn y pentan cerrig. Roedd bonbost y llidiart yn hwy na bonbost llidiart gyffredin; cyrhaeddai ei ben yn uwch o tua naw modfedd na thop y ffon ucha. Gwthiodd y pen yma i fyny drwy'r fforch oedd yn ymestyn allan o'r pentan cerrig ac yna ei ollwng i lawr fel y byddai'r bôn yn mynd i'r twll ym môn y pentan i weithredu fel colyn i'r llidiart droi arno. Ni fyddai raid mynd at y gof am waith haearn, dyna fyddai yn ei gwneud yn rhad. Nid oedd amser yn cyfrif.

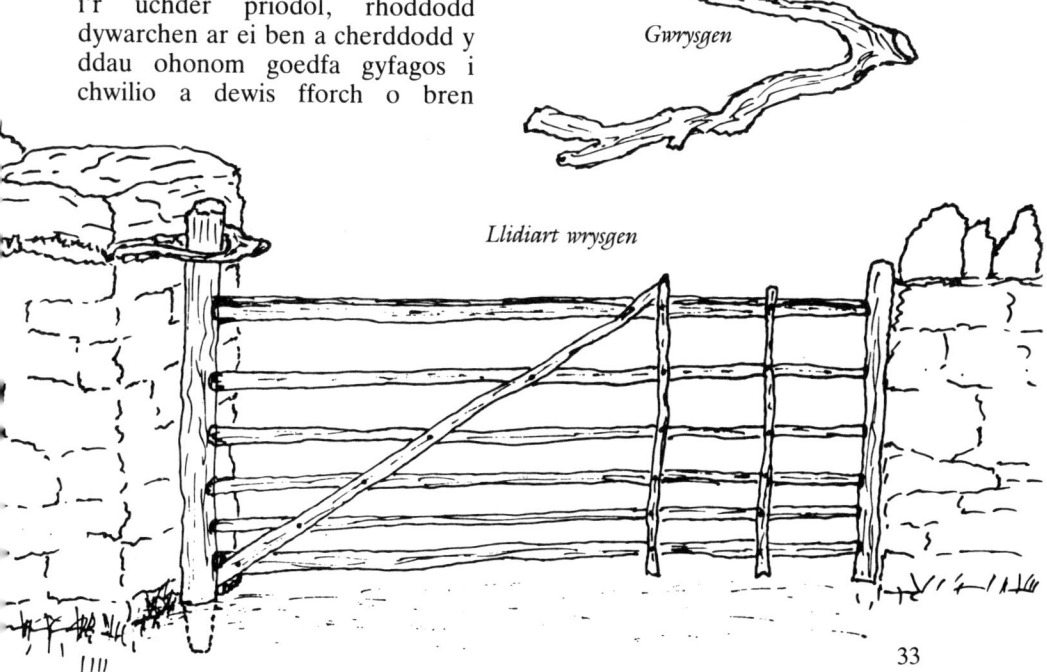

Gwrysgen

Llidiart wrysgen

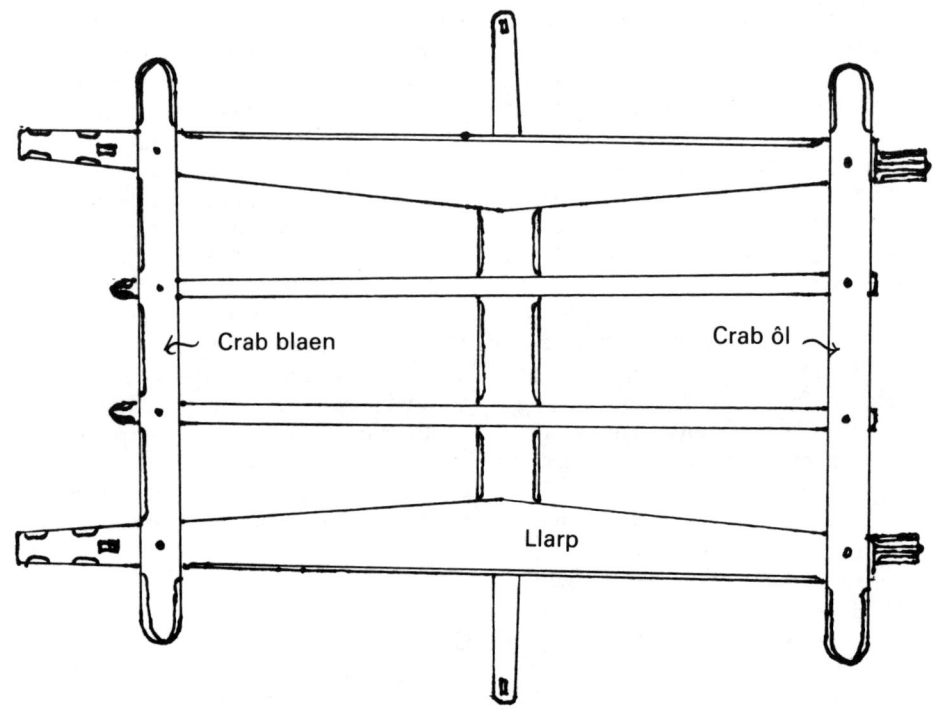

Gwely Trwmbel o'r ochr ucha

Trwmbel o'r ochr

Trwmbel Trol

Nid yn aml y byddai galw am drwmbel trol newydd, ond fe ddeuai ambell dro. Gair estron mae'n siŵr yw trwmbel hefyd am gorff y drol heb yr olwynion a'r llorpiau. Roedd yna amryw o fân bethau oedd yn ymddangos yn ddibwys yn eu gwneuthuriad, ond roedd yna bwrpas i bob peth a dyna oedd yn bwysig wrth ddysgu'r grefft. Pethau fel lled y pen ôl yn fwy o fodfedd na'r pen blaen er mwyn hwyluso'r dadlwytho ar dail neu bridd. Tynnu siamffer yma ac acw oedd yn ymddangos fel addurn a dim arall ond roedd dibenion eraill hefyd i'r naddiad hwnnw ar ymyl pren. Yn un peth, rhag iddo fod mor gornelog gan fod cornel sgwâr yn fwy tebyg o fylchu ac roedd pridd a thail yn fwy tebygol o sefyll ar gonglau sgwâr nag ar siamffer ar osgo a hynny'n peri pydredd ynghynt yn y pren. Heblaw hynny roedd tynnu'r holl siamfferydd yng ngwneuthuriad y trwmbel yn ysgafnu'r drol yn sylweddol ac roedd pob pwys yn llai i'r ceffyl ei dynnu yn gymorth.

Tra'n sôn am siamffer, roedd siamffer saer yn wahanol i siamffer "joiner". Cychwynnai siamffer y saer ar hanner tro tra roedd siamffer y "joiner" yn cychwyn yn doriad syth ar oleddf.

Gwely oedd yr enw ar ffrâm gwaelod trwmbel trol; tua saith troedfedd a chwe modfedd oedd ei hyd drosti. Yn y ffrâm roedd llarp o bobtu yn saith modfedd ar ei draws yn y canol ac yn meinio i rhyw bedair yn y tu ôl ac yn dair modfedd go dda ymlaen. Roeddynt yn llai o drwch ymlaen hefyd, tua modfedd a thri chwarter i ddwy ac yn ddwy a hanner da yn y pen ôl. Gosodid crab ar draws y pen ôl tua phedair modfedd wrth dair ac un arall rhyw droedfedd yn nes yn ôl na blaenau'r llarpiau. Roedd hwnnw ychydig yn ysgafnach. Cyrhaeddai'r crabiau dros led y llorpiau am chwe modfedd. Llathen a deg modfedd oedd y lled dros y llorpiau yn y pen blaen a modfedd yn fwy yn y pen ôl. Byddai dau bren, rhyw ddwy wrth ddwy fodfedd a hanner o ddyfn wedi eu gosod ar hyd y canol gyda'r un faint o raniad rhyngddynt â'i gilydd ag oedd rhyngddynt â'r llarpiau. Fel arfer roedd y gwely i gyd o dderw neu lartsen goch. Weithiau byddai byrddau'r gwaelod yn rhedeg o'r pen blaen i'r pen ôl, yn wahanol i'r arfer o roi byrddau ar draws o'r naill larp i'r llall. Pan ddigwyddai hynny byddai'n rhaid gosod clefyddau croes i hoelio'r byrddau arnynt.

Gair od yw clefyddau, ond dyna glywais eu galw erioed. Am wn i mai nid camsillafu neu ynganu 'cleddyf' yw er yn rhyfedd iawn "cledde" a ddywedem am un ohonynt. Clefyddau hefyd a fyddai ar draws drws cyffredin ar ba rai yr hoelir y byrddau, ac ar draws bôn y llorpiau neu freichiau'r drol.

Y cam nesaf fyddai gosod ochrau o lartsus modfedd a hanner o drwch ac yn ddeng modfedd o led yn y pen ôl a gorau po letaf y byddant ymlaen rhag gorfod eu darnio i wneud lled o un modfedd ar bymtheg yn y blaen eithaf. Tyllem ag ebill hanner modfedd drwyddynt a thrwy larpiau'r gwely ar gyfer rhyw bump o binnau sgriws ym mhob ochr. Byddai siecffon o flaenau'r crabiau i ben ucha'r ochr i gynnal yr ochrau

35

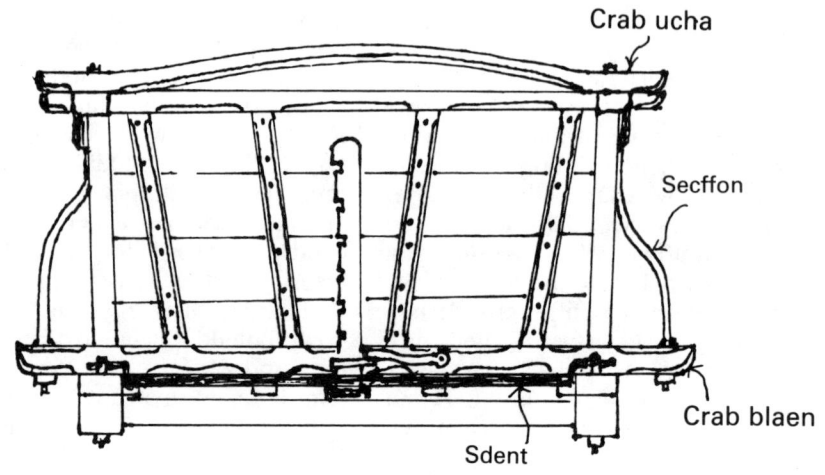

Pen blaen trwmbel

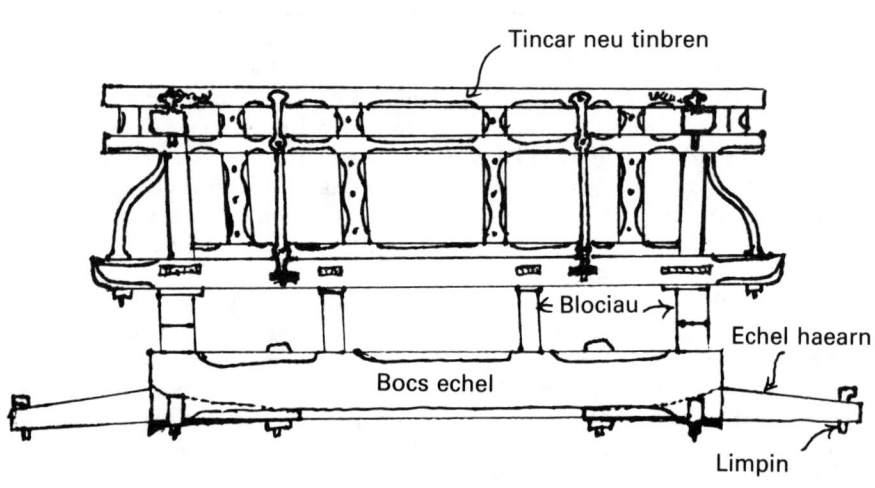

Pen ôl trwmbel

rhag plygu allan. Rhai haearn yn ôl ac weithiau rhai o bren ymlaen. Cyrhaeddai'r pinnau sgriws drwy'r llarp a'r ochr a thrwy'r carfannau o onnen ar hyd topiau'r ochrau. Roedd y carfannau wedi eu torri ar dro i ganlyn y tro yn nhop yr ochr.

Rhaid oedd wedyn baratoi crab ucha'r pen blaen a'i forteisio ar osgo i gymryd y clefyddau main oedd wedi eu morteisio i'r crab isaf a hoelio byrddau o lartsus ar ei draws. Roedd yna fwrdd cul tua chwe modfedd o led wedyn wedi ei hoelio i'r carfannau a chrab bach arall ar eithaf ucha'r pen blaen. Roedd tro ar i fyny yng nghanol hwnnw rhag iddo rwbio ar grwpar y ceffyl a dynnai'r drol. Byddai eisiau tincar wedyn ar ben ôl y trwmbel a hwnnw'n forteisiau ac yn siamfferydd i gyd.

Gosodem flociau o dan y gwely i orwedd ar y bocs echel. Nid bocs oedd o mewn gwirionedd wedi ei wneud o fyrddau ond darn solet o bren onnen chwe modfedd sgwâr ac yn llathen a chwe modfedd o hyd. byddai darnau bôn yr echelydd wedi eu sincio iddo a phinnau sgriws o'r llarpiau drwy'r blociau a'r bocs echel a'r cramp haearn dros fonion yr echelydd i sicrhau'r cyfan wrth ei gilydd. Cyrhaeddai'r blociau allanol oedd o dan y llarpiau ymhellach yn ôl na thîn y drol, a haearn amdanynt yn y pen hwnnw i arbed y crab ôl rhag cael ei falurio pan âi'r drol ar ei thîn yn rhy sydyn. Gosodem flaenau'r echelydd at ymlaen rhyw ychydig yn hytrach nag mewn llinell union o'r naill i'r llall. Os na wnaem hynny byddai tuedd i'r olwyn fynd i bwyso gormod ar y limpin a'r olwyn fynd i lusgo ar y cylch yn hytrach na throi yn unionsyth yn ei llwybr, yn enwedig os byddai'r echel yn llac braidd yn y fowsen. Byddech yn adnabod y sŵn os na fyddai'r olwyn yn troi'n deg; mi glywech sŵn crensian annifyr ar y ffordd ac ni chlywech sŵn y fowsen yn taro'n erbyn bôn yr echel. Roedd y sŵn hwnnw yn arwydd da ac yn dweud wrthych fod y drol yn bocsio'n dda — cyfrifid hynny'n rhinwedd mawr. Nid Henry Ford a ddyfeisiodd y "toe-in" yma a glywir amdano mewn car ond yr hen grefftwyr yma oedd wedi sylwi ar y peth cyn ei eni erioed ac wedi gosod eu hechelydd â'u blaenau ymlaen rhyw ychydig i ochel y gwendid.

Gwnaem echelydd pren i hen droliau weithiau pan fyddai'r hen olwyn a'r bothau mewn cyflwr gweddol. Roedd rhain o bren onnen o un pen i'r llall, a thros ddwylath o hyd, gyda'r pennau oedd yn yr olwynion wedi eu ffurfio'n grwn ac yn meinio at y blaen i tua thair modfedd a hanner. Ar yr ochr isaf i'r

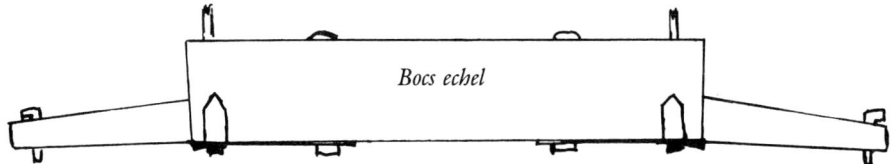

37

pennau hyn gosodid darn o haearn pwrpasol wedi ei sincio yn wastad â'r lle roedd yr olwyn yn troi arno ac roedd wedi ei ddurio ar y blaen a'r bôn lle roedd y ddwy fowsen yn y both yn taro arno. Roedd yr estyniad ohono am rhyw droedfedd i gyfeiriad canol y bocs wedi ei sicrhau â phin sgriw. Cylchid blaenau'r echel i ddal yr haearn wrth y pren a thwll drwy'r cwbl i ddal y limpin a ddaliai'r olwyn yn ei lle. Ambell dro rhoddem gylch tenau fel washar rhwng y limpin a'r fowsen os tueddai'r olwyn i chwarae gormod yn ôl ac ymlaen ar yr echel.

Rhoddem farc ar ffurf croes ar dîn both yr olwyn bellaf oddi wrth y ciartar ac ar yr un pen i gyfateb ar y bocs echel, er mwyn sicrhau y byddai'r olwyn honno ar yr un ochr bob tro, gan na fyddai sicrwydd perffaith fod y ddwy yn hollol yr un fath. 'N' a roddai'r Saeson am "Nearest carter side".

Ymhen dipyn byddai pren yr echel yn gwisgo a'r olwynion yn mynd yn llac, a'r amser hwnnw rhaid oedd cael staplau hirion tua pedair modfedd o hyd a phytiau o goesau wrthynt (gan y gof). Gosodem rhain o gylch yr echel a'u sincio fel y byddai'r angen fel y byddai'r echel yn weddol dynn ar y fowsen flaen a'r un bôn.

Byddai iro troliau yn achlysur o bwys ar rai ffermydd. Rhoddai gyfle i ambell lanc i ddangos ei orchest a'i gryfder drwy roi ei gefn o dan y crab ôl a chodi'r trwmbel fel na fyddai'r olwynion ar lawr, a dim ond blaenau'r llorpiau a chefn y llanc yn ei dal tra tynnid yr olwynion, iro'r echelydd a rhoi'r olwynion yn eu holau. Defnyddiai'r rhai callach jac at y pwrpas. Roedd yn gyfle da i'r

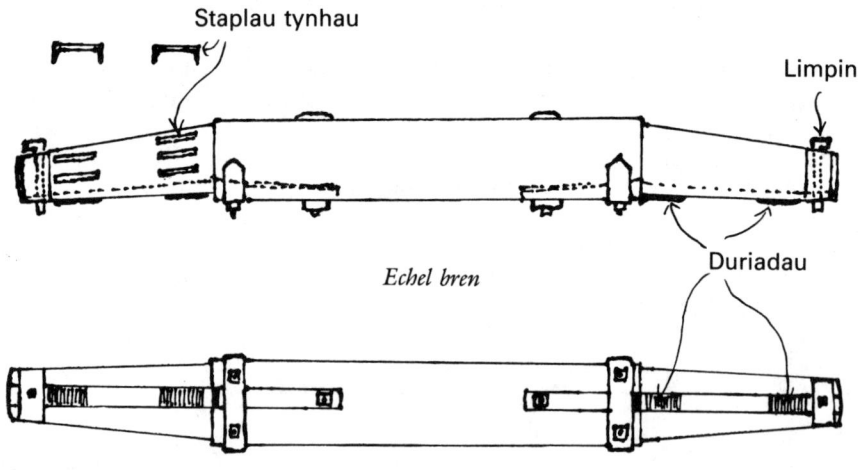

Echel bren

Echel bren odditanodd

rhai gwanach oedd yn iro i dalu'r pwyth yn ôl am rhyw gam a gawsant, trwy fod yn ymarhous wrth y gwaith. Felly y bu hi ers cenedlaethau mae'n siwr.

Roedd llorpiau yn wahanol i'r llarpiau oedd yn rhan o wely'r drol. Wrth y llorpiau neu'r shafftiau (neu'r breichiau fel y gelwid nhw weithiau) y cysylltid y ceffyl wrth y drol. Roeddent yn naw a hanner i ddeg troedfedd o hyd, ac yn dair modfedd a hanner sgwâr ac wedi eu llifio ar dro i ddilyn ffurf ochrau ceffyl. Cysylltid hwy â ffon haearn rhyw dri chwarter modfedd o drwch drwy dwll yn eu bôn a thrwy'r blociau oedd yn gorwedd ar y bocs echel. Roedd yna gledde ar draws bôn y breichiau a chrab ar eu traws gogyfer â chrab blaen y drol. Crab y frân a elwid y crab ar draws y breichiau. Y frân oedd y darn haearn cam a bylchau ar hyd un ochr iddo a fyddai'n ffitio am stapal y frân oedd wedi ei gosod yn y crab blaen, a rhywbeth a elwid yn forthwyl y frân i'w chadw yn ei lle rhag llithro trwy'r stapal. Pwrpas y frân oedd dal trwmbel trol i fyny oddi ar y breichiau i hwyluso cael y llwyth ohoni bob yn dipyn. Roedd amryw fathau ohonynt ond roedd pob un wedi ei chynllunio i ganiatau'r ciartar i fedru codi'r drol, fwy neu lai, ar ei thîn yn ôl yr angen i'w dadlwytho.

Gosodid stapal hir, neu stwffwl fel y byddai rhai yn ei galw, yn y llorpiau, un ar bob un, tua dwy

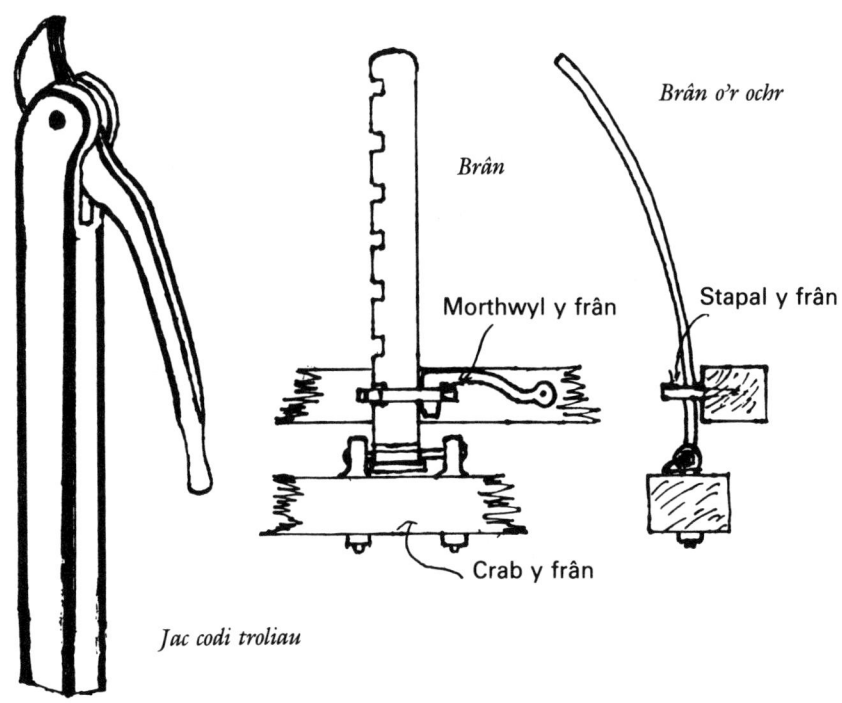

Jac codi troliau

Brân

Morthwyl y frân

Crab y frân

Brân o'r ochr

Stapal y frân

droedfedd o'r blaen. Ar y stapal hon roedd bach y tyniad blaen, bach y dindres ac yn y canol roedd bach y garwden, ac wrth y rhain y cysylltid y drol wrth y ceffyl. Os byddai eisiau ceffyl blaen pan fyddai llwyth yn ormod i un ceffyl roedd yna ddolennau haearn wedi eu gosod am flaenau'r breichiau neu o tanynt i fachu'r tyniadau wrthynt.

Peth arall wrth y llorpiau oedd y tymiau. Y twm oedd yn dal y trwmbel i fyny pan fyddid wedi dadfachu'r ceffyl a'r llwyth yn dal ar y drol gan y byddai gormod o bwysau i roi'r breichiau i lawr a'r llwyth heb ei ddadlwytho ac yn sicr yn ormod o bwysau i'w hail godi pan ddeuai'r amser i ail-fachu'r ceffyl. Tua llathen o hyd oeddynt a rhyw fodfedd a hanner crwn o drwch. Cysylltid hwy o dan y llorpiau â staplau. Roedd stapal hir a chylch rhydd arni a ffitiai am y twm yn y pen arall i gynnal y twm i fyny pan na fyddai angen ei ddefnyddio.

Ar ben yr ochrau a'r tincar fe roddem fyrddau tynnu a rhoi, i roi mwy o ddyfnder i'r drol pan fyddai angen. Staplau sgwâr wedi eu gyrru i ochrau'r carfannau oedd yn eu dal a

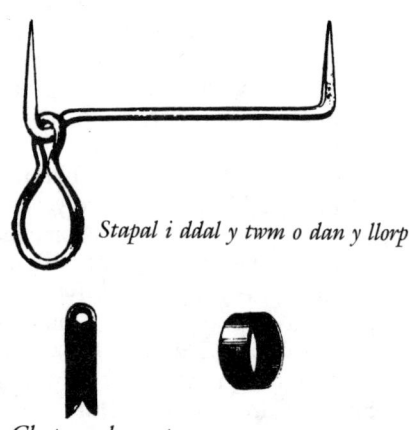

Stapal i ddal y twm o dan y llorp

Clasp am ben y twm

choesau o'r byrddau'n ffitio drwyddynt. Pan fyddai angen rhoi mwy o lwyth o wair neu ŷd ar y drol roedd yna ffrâm arbennig wedi ei gwneud i'r pwrpas. Hofergarfannau oedd yr enw arni, a byddai'n ymestyn dros yr ochrau uwchben yr olwynion, ac roedd estyniad a thri chledde ar ei thraws yn y pen blaen dros grwpar y ceffyl a dau gledde yn ôl dros y tincar. Gallai llwythwr profiadol roi llwyth uchel arni a hwnnw'n sgwâr fel bricsen. Roedd dau bren cryfach ar ei thraws ymlaen

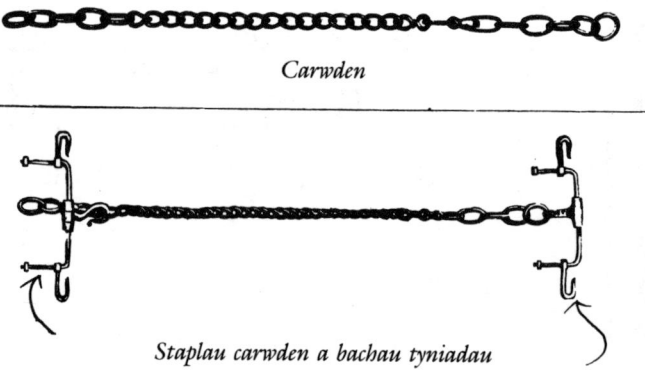

Carwden

Staplau carwden a bachau tyniadau

ac yn ôl lle byddai'n gorwedd ar y trwmbel. Roedd yn bymtheng troedfedd o hyd ac yn tynnu am ddwylath ar ei thraws. O gwmpas y trwmbel yma ac acw roedd bachau rhaffau gogyfer â rhwymo'r llwyth. Rhoddid ambell un ar garfannau'r ochrau ac eraill ar ochrau'r llarpiau, i gyd wedi eu sicrhau â staplau. Rhyw bedair neu bump fyddai yna fel arfer ar bob ochr i'r trwmbel. Defnyddid y siecffyn a phennau'r crabiau hefyd i roi'r rhaff amdanynt weithiau.

Rhwng blaenau'r llarpiau o dan pen blaen y trwmbel roedd yna ffon rhyw fodfedd a hanner crwn o drwch yn meinio rhyw ychydig at ei deupen. Fe gylchid y pennau rheiny â thorch o haearn ysgafn ac o'r pennau roedd yna bytiau o heyrn rhyw dri wyth o drwch oedd yn ffitio i dyllau mewn pegiau a ddeuai o'r breichiau drwy'r llarpiau i rwystro'r drol rhag mynd ar ei thîn, petai'r frân yn digwydd dadfachu, ac i rwystro'r trwmbel rhag ysgwyd yn ormodol ar y breichiau. Y ffon yma oedd y sdent. Roedd yna sdent hefyd i'w rhoi rhwng tyniadau troi a thyniadau ceffyl blaen rhag i'r cadwyni rwbio ochrau'r ceffyl. Roeddynt yn llathen o hyd.

Llun o hen drol
(Drwy garedigrwydd Amgueddfa Werin Cymru)

Olwynion

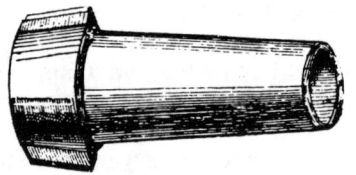

Bowsen

O holl waith saer troliau, mae'n debyg mai gwneud olwynion oedd y gwaith mwyaf crefftus. Yn ddiamau, roedd gorchwylion eraill i'w gwneud oedd yn fwy celfydd. Aeth dyddiau gwneud pâr o olwynion newydd heibio bron pan oeddwn i'n dechrau gweithio. Dechreuwyd eu prynu wedi eu gwneud yn barod o Ddulyn. Deg gini oedd eu pris wedi cyrraedd yr orsaf agosaf a phrin y gallem eu cynhyrchu gartref am hynny. Eu hunig wendid oedd na fyddai yna fawr o wâm ynddynt. Olwynion syth oeddynt heb ond ychydig o osgo yn yr edyn o'r foth ac oherwydd hynny byddai'r drol yn llawer tebycach o daflu, yn enwedig mewn ardal lechweddog. Dim ond ambell olwyn yn bartneres i olwyn arall a fûm i'n ei gwneud ond bûm yn adnewyddu edyn a chamogau digon o hen rai. Bothau o dderw a gaem y rhan amlaf wedi eu turnio'n barod; ambell dro caem lwyfanen a byddai rheiny'n llai tebygol o gracio. Byddai rhai o haearn hefyd yn enwedig ar beiriannau dyrnu. Rhaid oedd

Echel trol a bowsen arni

marcio'r rhai coed yn ofalus i gael deuddeg mortais a'r un pellter yn union oddi wrth ei gilydd, a'u morteisio fel y byddai'r edyn i gyd ar yr un osgo i gael y wâm priodol yn yr olwyn. Y gof fyddai'n cylchu'r ddau ben iddynt. Oddi mewn i'r foth roedd darn o haearn crwn â thwll trwyddo i ffitio am yr echel. Hon oedd y fowsen ac arni hi roedd yr olwyn yn troi ar yr echel. Rhaid oedd ei gosod yn berffaith gywir ac i wneud hynny roedd gennym beiriant llaw a elwid yn beiriant bocsio. Cadwem amryw ohonynt o

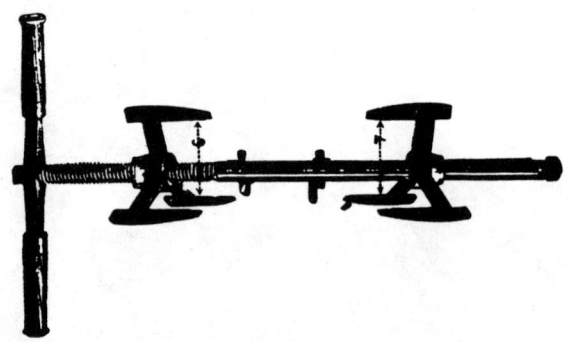

Peiriant i dyllu both i gymryd bowsen

wahanol faintioli ar gyfer gwahanol fothau.

Darn o haearn crwn oedd y peiriant a sgriw helaeth ar un pen iddo, gyda dau gylch a thri phig ar bob cylch i'w sicrhau ym mhennau'r foth. Roedd mortais yn y rhan o'r haearn crwn oedd heb sgriw arno a math o gŷn cornelog yn ffitio i'r fortais. Y cŷn oedd yn torri lle i'r fowsen yn y foth tra'n cael ei dynnu'n araf i mewn iddi wrth droi'r handlen ym mhen yr haearn crwn. Fe dorrid lle i ysgwyddau'r fowsen yng nghefn y foth efo cŷn trichornel neu gŷn cantio.

Efo olwynion echelydd pren roedd hi'n fwy o gamp gan fod y fowsen yn ddau ddarn ym mhob both ac yn anodd eu cael i ganlyn ei gilydd a'r osgo ynddynt yn ei gwneud yn anoddach fyth. Roedd tair ysgwydd hefyd ym mowsen yr echelydd pren. Fe'i gyrrid i'w lle, ar ôl cael ei ffitio yn gywir, drwy ddyrnu darn o bren arni efo gordd a'i wedjio o'i chylch wedyn i'w sicrhau yn y foth. Deuai ambell un yn rhydd mewn hen foth ymhen blynyddoedd a rhoddem ddarn o sach amdani i lenwi'r twll wrth ei hail osod i droi am lawer blwyddyn arall. Goroesodd rhai o'r bothau fwy nag un set o edyn a chamogau.

O dderw y gwneid yr edyn hefyd. Rhaid oedd cael derw â graen union ynddo i'w hollti. Ni fyddai derw wedi ei lifio o ddim gwerth. Rhaid iddo hefyd fod yn sych grimp. Caent eu gyrru i'r foth â gwegil bwyell — sy'n wrthgefn i'r min — a byddent yn llai tebygol o hollti wrth eu gyrru â bwyell nag wrth eu gyrru â gordd. Costient rhyw chwech i naw ceiniog yr un i'w prynu a hanner coron yr un amdanynt wedi eu gosod. Y rhan amlaf byddai deuddeg ymhob olwyn. Golygai dipyn o lafur i'w ffitio a'u gyrru, eu naddu i'r ffurf iawn, eu glanhau â rhasgal a ffurfio bys ar ben pob un. Diwrnod o wyth tan chwech, ac fe ddylech fod wedi eu gosod a'u gorffen yn weddol daclus.

Ynn oedd y camogau, a chantio olwyn oedd rhoi'r cyfan ohonynt yn newydd yn eu lle, chwech ohonynt fel arfer. Trwsio a fyddech wrth osod un neu ddwy. Tair modfedd a hanner sgwâr oedd eu mesur ac wedi eu llifio ar dro i ddilyn cylchfesur yr olwyn. Pedair troedfedd a phedair modfedd oedd trawsfesur olwyn trol yn yr ardal hon. Ambell dro fe fyddai rhai yn ddwy fodfedd yn fwy. Prin y byddai'r cylch yn fwy na thair modfedd o led. Roedd cylchau olwynion llawr gwlad yn bedair modfedd neu bump yn aml, gan fod y tir yno'n fwy brac a thueddai'r cylchau cul i sincio ynghynt i dir o'r fath.

Swllt a thair oedd pris camog i'w phrynu yn niwedd y tridegau a hynny'n cynnwys eu cludo o Fanceinion i'r orsaf agosaf. Coron yr un a fyddai'r pris amdanynt wedi eu gosod; deg swllt ar hugain yr olwyn, a byddai'n rhaid gweithio'n ddygn i gantio olwyn mewn diwrnod, yn enwedig os mai bysedd sgwâr oedd ar bennau'r edyn. Nid bysedd sgwâr oeddynt mewn gwirionedd gan fod osgo ynddynt o bob cyfeiriad waeth pa ffordd yr edrychech arnynt. Byddai rhywun yn dod i ben â'r gwaith yn rhwyddach os mai bysedd crynion fyddai ar ben yr edyn.

Roedd yn waith digon trwm gan fod rhai olwynion â bothau mawr

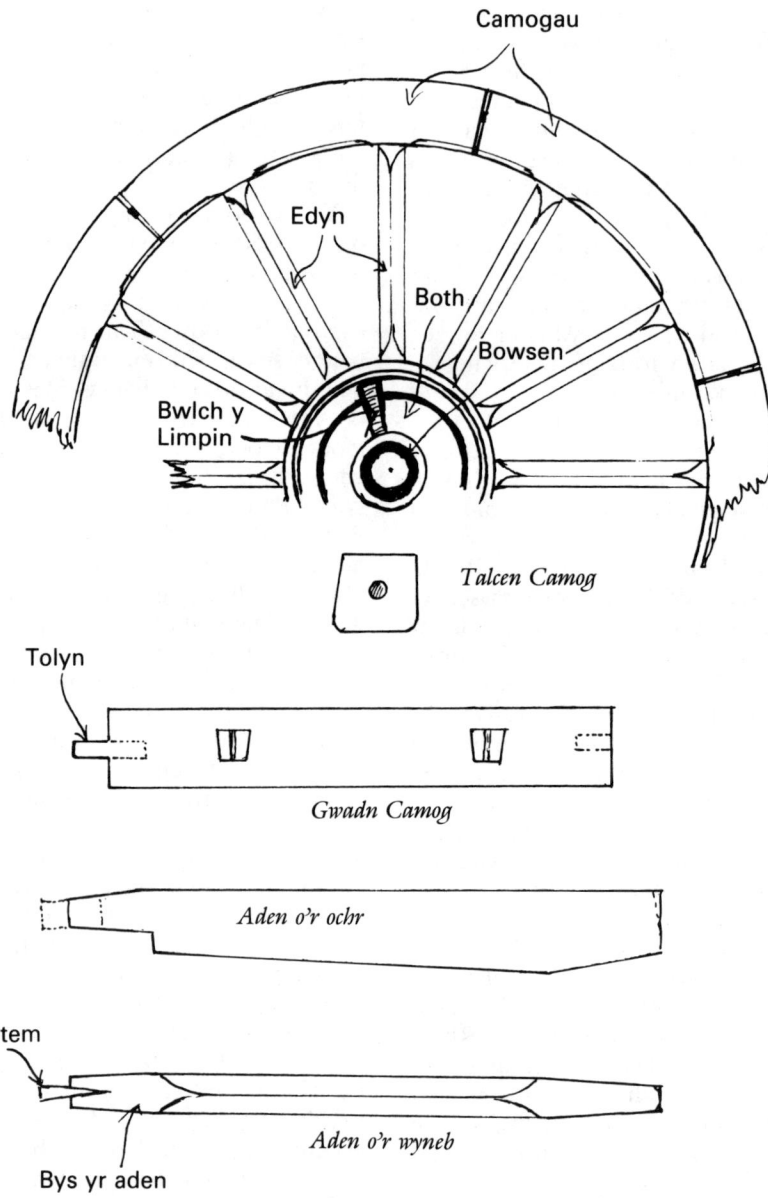

wahanol faintioli ar gyfer gwahanol fothau.

Darn o haearn crwn oedd y peiriant a sgriw helaeth ar un pen iddo, gyda dau gylch a thri phig ar bob cylch i'w sicrhau ym mhennau'r foth. Roedd mortais yn y rhan o'r haearn crwn oedd heb sgriw arno a math o gŷn cornelog yn ffitio i'r fortais. Y cŷn oedd yn torri lle i'r fowsen yn y foth tra'n cael ei dynnu'n araf i mewn iddi wrth droi'r handlen ym mhen yr haearn crwn. Fe dorrid lle i ysgwyddau'r fowsen yng nghefn y foth efo cŷn trichornel neu gŷn cantio.

Efo olwynion echelydd pren roedd hi'n fwy o gamp gan fod y fowsen yn ddau ddarn ym mhob both ac yn anodd eu cael i ganlyn ei gilydd a'r osgo ynddynt yn ei gwneud yn anoddach fyth. Roedd tair ysgwydd hefyd ym mowsen yr echelydd pren. Fe'i gyrrid i'w lle, ar ôl cael ei ffitio yn gywir, drwy ddyrnu darn o bren arni efo gordd a'i wedjio o'i chylch wedyn i'w sicrhau yn y foth. Deuai ambell un yn rhydd mewn hen foth ymhen blynyddoedd a rhoddem ddarn o sach amdani i lenwi'r twll wrth ei hail osod i droi am lawer blwyddyn arall. Goroesodd rhai o'r bothau fwy nag un set o edyn a chamogau.

O dderw y gwneid yr edyn hefyd. Rhaid oedd cael derw â graen union ynddo i'w hollti. Ni fyddai derw wedi ei lifio o ddim gwerth. Rhaid iddo hefyd fod yn sych grimp. Caent eu gyrru i'r foth â gwegil bwyell — sy'n wrthgefn i'r min — a byddent yn llai tebygol o hollti wrth eu gyrru â bwyell nag wrth eu gyrru â gordd. Costient rhyw chwech i naw ceiniog yr un i'w prynu a hanner coron yr un amdanynt wedi eu gosod. Y rhan amlaf byddai deuddeg ymhob olwyn. Golygai dipyn o lafur i'w ffitio a'u gyrru, eu naddu i'r ffurf iawn, eu glanhau â rhasgal a ffurfio bys ar ben pob un. Diwrnod o wyth tan chwech, ac fe ddylech fod wedi eu gosod a'u gorffen yn weddol daclus.

Ynn oedd y camogau, a chantio olwyn oedd rhoi'r cyfan ohonynt yn newydd yn eu lle, chwech ohonynt fel arfer. Trwsio a fyddech wrth osod un neu ddwy. Tair modfedd a hanner sgwâr oedd eu mesur ac wedi eu llifio ar dro i ddilyn cylchfesur yr olwyn. Pedair troedfedd a phedair modfedd oedd trawsfesur olwyn trol yn yr ardal hon. Ambell dro fe fyddai rhai yn ddwy fodfedd yn fwy. Prin y byddai'r cylch yn fwy na thair modfedd o led. Roedd cylchau olwynion llawr gwlad yn bedair modfedd neu bump yn aml, gan fod y tir yno'n fwy brac a thueddai'r cylchau cul i sincio ynghynt i dir o'r fath.

Swllt a thair oedd pris camog i'w phrynu yn niwedd y tridegau a hynny'n cynnwys eu cludo o Fanceinion i'r orsaf agosaf. Coron yr un a fyddai'r pris amdanynt wedi eu gosod; deg swllt ar hugain yr olwyn, a byddai'n rhaid gweithio'n ddygn i gantio olwyn mewn diwrnod, yn enwedig os mai bysedd sgwâr oedd ar bennau'r edyn. Nid bysedd sgwâr oeddynt mewn gwirionedd gan fod osgo ynddynt o bob cyfeiriad waeth pa ffordd yr edrychech arnynt. Byddai rhywun yn dod i ben â'r gwaith yn rhwyddach os mai bysedd crynion fyddai ar ben yr edyn.

Roedd yn waith digon trwm gan fod rhai olwynion â bothau mawr

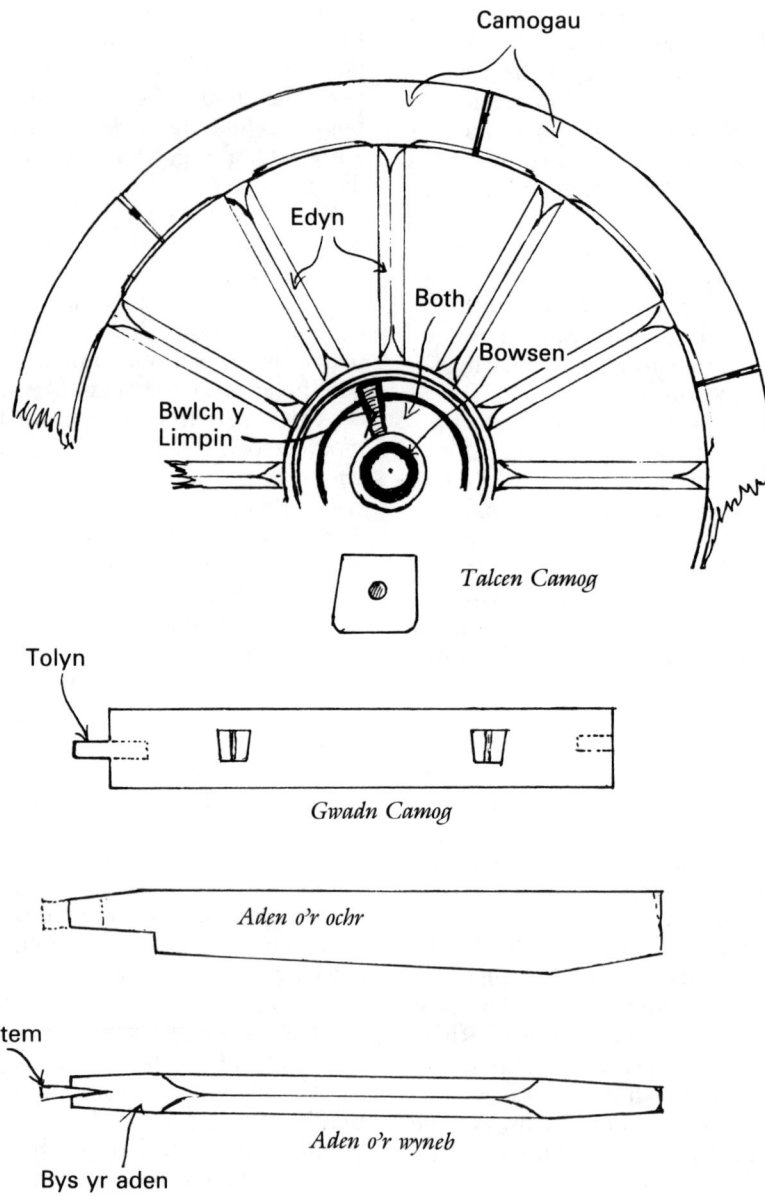

iddynt os mai echelydd pren oedd i'r drol. Ar droliau Ty'n Cefn, ger Corwen roedd y bothau mwyaf a'r trymaf a rhywsut roedd rhai wedi cyrraedd yr ardal hon. Roedd Ty'n Cefn yn enwog am eu troliau. Troliau trymion oeddynt, yn aml dros hanner tunnell ac weithiau dros un cant ar ddeg o bwysau. Cwynai rhai os byddai ein troliau ni dros wyth gant.

Wedi gorffen eu cantio roedd yn rhaid wedyn cyd-weithio â'r gof i'w cylchu. Efallai y byddai chwech neu wyth i'w cylchu ar yr un diwrnod. Byddai'r cylchau wedi eu paratoi cyn dydd y cylchu, un ai wedi eu hail asio neu wedi gyrru peth arnynt i'w hymestyn. Rhaid oedd mesur yn ofalus o gylch yr olwyn efo'r olwyn fesur. Roedd honno'n olwyn rhyw saith i wyth modfedd ar ei thraws a charn wrthi i afael ynddo.

Rhedem hi ar wadn y camogau ar yr ochr uchaf i'r lle y byddai morteisiau bysedd yr edyn. Byddai marc ar ymyl yr olwyn fesur a chychwynid ei chylch ar gyfer marc ar un o'r camogau. Tua saith tro ac

Olwynion i fesur cylchdro'r olwyn a'r cylch

ychydig a gymerai i'r olwyn fesur gylchdroi yr olwyn fawr nes cyrraedd y marc ar y gamog lle y cychwynodd. Rhoddid marc wedyn ar yr olwyn fesur gogyfer â'r marc lle y cychwynwyd ar y gamog. Gwnaem yr un peth wedyn ar ochr i fewn y cylch haearn gan redeg yr olwyn fesur tua thri chwarter modfedd i lawr o ymyl y cylch. Dylai cylch fesur yr olwyn fod yn fwy o ryw dri

Y ffram haearn a ddaliai'r olwyn ar gyfer ei chylchu

chwarter modfedd i fodfedd. Dibynai maint y gwahaniaeth ar amryw o bethau: faint o olau oedd rhwng pennau'r camogau; pa mor gadarn oedd y foth a'r edyn a pha mor drwchus oedd y cylch haearn. Gallasai'r saer dynnu digon ar y camogau i ddod i'r mesur angenrheidiol ambell dro, neu i'r gof yrru ychydig ar y cylch i'w ymestyn. Gosodem y cylch cyntaf i orwedd yn wastad ar bedair carreg neu ddarnau o hen haearn, a'r ail gylch i orwedd ar ben hwnnw drwy roi pytiau o haearn ar draws y cylch cyntaf. Gorchuddid hwy â siafins a choed tân wedi eu gosod ar eu pennau o'u hamgylch ar yr ochr i mewn a'r ochr allan. Byddid yn tanio'r cyfan wedyn a'u gadael yno nes y byddai'r cylchau bron yn gochion. Byddai'r olwyn gyntaf wedi ei sicrhau ar ffrâm haearn bwrpasol — ffrâm gylchu. Rhaid oedd gofalu fod bwceidiau o ddŵr yn barod i'w dywallt ar y cylch poeth ar ôl ei gael yn weddol agos i'w le ar yr olwyn a chyn iddo losgi'r camogau.

Roedd dau neu dri haearn i godi'r cylch o'r tân a choesau hirion wrthynt. Rhaid oedd morol fod y tyllau hoelion yn y cylch ar gyfer canol y camogau wrth ei osod ar yr olwyn. Roedd bachau eraill i wasgu'r cylch i lawr ar yr olwyn a thafod ar yr ochr isaf iddo i fachu yng nghefn y gamog a thyllau yng nghoes y bach i'w ymestyn neu ei fyrhau fel y byddai'r angen. Curid ymyl ucha'r cylch â gyrdd tra byddai rhywrai eraill yn gwasgu â'r bachau.

Anodd fyddai disgrifio'r gwylltineb anrhaethol o gylch y lle o'r eiliad y tynnid y cylch o'r tân nes y byddai'r dŵr wedi ei dywallt arno i'w oeri. Hedfanai'r morthwylion fel mellt o'ch cwmpas; codai cymylau o fwg i losgi'r llygaid pan fyddai'r camogau'n dechrau fflamio a'r stêm yn gwneud pethau'n waeth fyth pan ddisgynnai'r dŵr ar y cylch poeth. Gofaint gwyllt oeddynt, a pheryg bywyd oedd bod yn y lle anghywir ar amser anffodus.

Wedi cael y cylch i'w le yn foddhaol codem yr olwyn oddi ar y ffrâm a'i rhoi ar ei hymyl mewn twll â dŵr ynddo a'i throi nes y byddai wedi gorffen oeri. Fe glywech y coed yn clecian i'w lleoedd terfynol fel y byddai'r cylch yn byrhau wrth oeri. Gwasgai pob aden i'r eithaf a chau

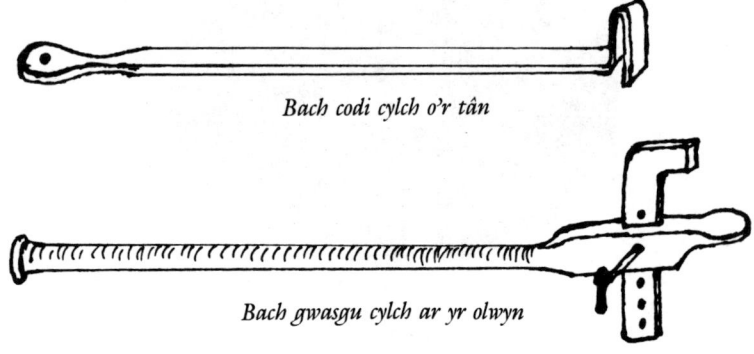

Bach codi cylch o'r tân

Bach gwasgu cylch ar yr olwyn

pob golau rhwng pob camog yn llwyr a gwneud yr olwyn yn un cyfanwaith cadarn. Ar ôl yr holl wylltineb disgynnai rhyw dawelwch rhyfeddol ar y lle ond byddai'r arogl yn parhau am ddyddiau lawer a'r olwynion yn parhau am oes gobeithio.

Hogyn ysgol, rhyw wyth neu naw oed, oeddwn i yn niwedd y dauddegau, ond cawn y fraint o gario dŵr i oeri'r cylch, ond dim ond dod â fo i'r cyrraedd, neu cawn hergwd gan rhywun am fod o dan draed. Gallwn ddeall y rheidrwydd o weithio'n gyflym "tra bo'r haearn yn boeth", ond anodd esbonio'r mileindra gwyllt a feddiannai'r gofaint a'r seiri ar ddiwrnod cylchu. Job Hughes oedd y gof, dyn byr o gorffolaeth ac yn siarad yn gyflym, cydiwr heb ei fath, byddai rhaid i'r afael dorri allan cyn y gollyngai. Roedd ei frawd, Gruffydd, hefyd o'r un natur, neu os rhywbeth, yn fwy milain. Gweithiai yntau waith gof ar adegau, a gwaith melinydd bob yn ail. Gwerthai oeliach hefyd, yn enwedig oel treuliau i'r amaethwyr. Er ei wylltineb yr oedd yna ryw hiwmor rhyfeddol yn perthyn iddo. Pan ddaeth Dafydd, ffermwr Blaen Eidda ato i brynu oel treuliau a heb yr un botel i'w ddal un tro, galwodd Gruffydd ar rhyw blentyn a'i yrru i dŷ llwyr ymorthodwr tanbeitia'r ardal, a'i siarsio i ddweud, fod "Dafydd Blaen Eidda yn gofyn a oedd ganddo botel gwrw wag yn digwydd bod? Cofia ddweud mai un *wag* sydd eisiau." Fel y gall y cyfarwydd heddiw adnabod car wrth ei sŵn heb ei weld, gallai Gruffydd Gof adnabod ceffyl wrth sŵn ei draed a pha bedol oedd wedi ei cholli, ai'r chwith ai'r dde, ai'r ôl neu'r flaen, ymhell cyn iddo gyrraedd drws yr efail. Cyflogai Job of arall hefyd. Cofiaf Glyn y gof o Drefriw a Ned Sir Fôn, tad Dafydd Islwyn, ysgrifennydd *Barddas* heddiw. Yr oedd Ned yn dipyn o arwr ar y cae ffwtbol i ni'r plant, disgleiriai fwy yn y grefft honno na neb arall o'r ardal, ond colli fyddai

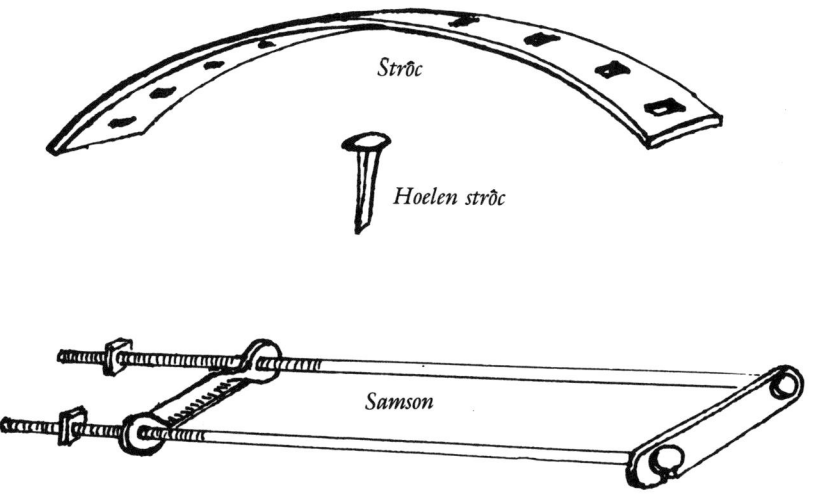

Strôc

Hoelen strôc

Samson

hanes tîm Ysbyty Ifan fel arfer, er cymaint oedd dawn Ned Hughes o'r Pentraeth.

Roedd y gofaint a'r saer yn perthyn i'w gilydd, ac nid rhyfedd fod pethau heblaw'r cylchau'n poethi. Cadwai'r saer brentis hefyd, neu ambell un wedi gorffen dysgu'r grefft weithiau. Gafaelai'r gwylltineb yn y rheiny yr un fath ar ddiwrnod cylch, yr oedd o fel ffliw yn cerdded o'r naill i'r llall.

John Lloyd, brodor o Drawsfynydd, oedd y gof pan ddechreuais i weithio a fo oedd yr olaf o'r gofaint a fu yn yr efail.

Nid bob amser y byddai cylch wrth olwyn. Weithiau byddent wedi eu gwisgo â strôcs. Pytiau o haearn oedd strôcs yr un lled â gwadn y gamog ac wedi eu plygu i ganlyn yr un cylchdro a'r un oleddf ar eu traws. Byddai wyth o dyllau ym mhob strôc ar gyfer yr hoelion. Hoelion cryfion oeddynt, hirsgwar ar eu croesdoriad yn meinhau i'r blaen a chlamp o ben arnynt. Rhoid y strôc yn nhân yr efail i dwymo'n goch ac yna ei hoelio ar hanner un gamog gan gychwyn un pen yn y canol.

Defnyddiem beiriant a elwid yn Samson i dynnu'r gamog nesaf yn dynn at dalcen y gamog gyntaf a hoelio hanner arall y strôc i'r ail gamog. Bachai un pen i'r Samson ym mhen un o'r hoelion yn y gamog gyntaf a'r pen arall am yr aden agosaf yn yr ail gamog. Sgriw oedd ar goesau'r Samson i dynnu'r camogau at ei gilydd. Tywelltid dŵr ar y strôc i'w hoeri ac wrth iddi oeri byddai'n byrhau ac yn sicrhau y gwasgiad eithaf i'r camogau at ei gilydd. Os na fyddai'r Samson wedi gwneud y gwaith yn llwyr, byddai'r dŵr yn siwr o lwyddo. Ymlaen i'r nesaf, nes y byddai'r chwe strôc yn eu lle, gan obeithio na fyddai gormod o olau rhwng y ddwy gamog olaf i'w tynnu at ei gilydd. Tua dwy fodfedd a chwarter oedd hyd yr hoelion ac wedi eu ffurfio fel cŷn a'u gyrru fel y byddai'r min ar draws graen y gamog. Byddai'r tyllau yn y strôc ei hun yn mynnu iddynt gael eu gyrru felly p'run bynnag, neu, fel arall, byddent yn siwr o hollti'r camogau. Roedd y strôcs ychydig yn fyr o gyrraedd pennau ei gilydd a byddai haearn tenau fflat yn cael ei hoelio ar y gamog yn y cyswllt rhwng dwy strôc, i arbed i'r pren wisgo ar diroedd caregog.

Ar y dair tudalen nesaf gwelir cyfres o luniau sy'n dangos Huw a dau o'i gynorthwywyr — Merêd, Hafod Ifan ac Eryl P., Tŷ Mawr Eidda — yn cylchu olwyn ger ei weithdy ger bron plant yr ysgol yn 1989

Y cylch haearn

Shafins, coed a 'Daily Post' yn barod i gynnau tân o gwmpas y cylch

Y tân wedi'i gynnau

Yr olwyn yn barod i dderbyn y cylch haearn poeth

Gosod y cylch ar yr olwyn

Oeri'r cylch gyda digon o ddŵr

Morthwylio'r cylch i'w le

Huw gyda'r olwyn orffenedig

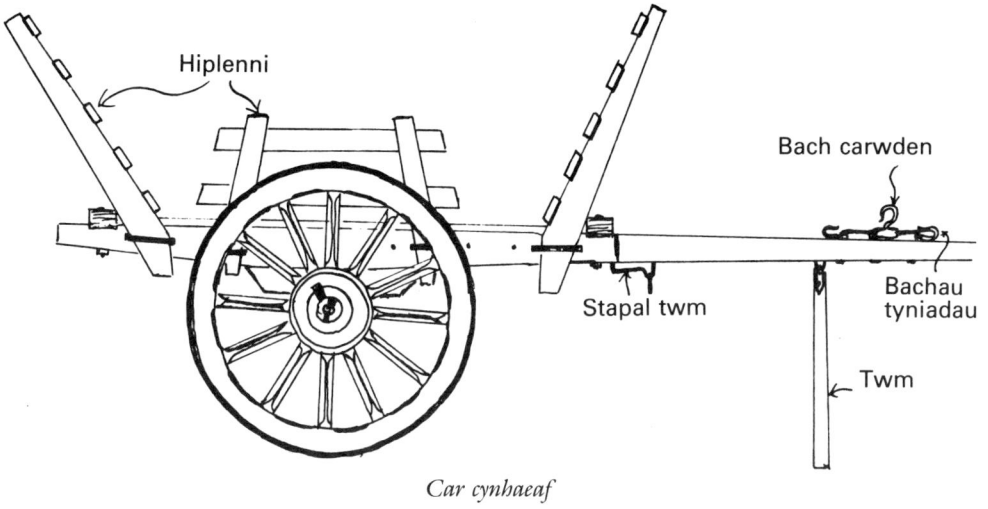

Car cynhaeaf

Wagenni Amrywiol

Roedd yna bethau heblaw troliau i gario gwahanol lwythi a phob un â'i ddiben. Cedwid wagenni caws mewn dwy neu dair o ffermydd, ond y rheiny wedi gorffen gweithio i bob pwrpas cyn i mi ddechrau ac wedi eu rhoi o'r neilltu yn nhywyllwch rhyw hofel neu'i gilydd i bydru dan drwch o lwch a baw ieir. Hongleidiau o gelfi trymion oeddynt ond hongleidiau gogoneddus iawn yn eu dydd gyda'u cyfoeth o addurniadau, pedair olwyn o tanynt a chylchoedd llydan pedair modfedd a rhagor weithiau o led. Cario caws i'r ffeiriau yn y trefydd agosaf oedd eu pwrpas pennaf am wn i — clampiau o gosynnau wedi eu gwneud yn eu tymor medden nhw, er na welais i â'm llygaid fy hun y cyfnod rhamantus hwnnw. Cofiaf y wagenni a'r grefft oedd arnynt fodd bynnag a phob rhan wedi ei siamfferu'n ofalus a'i baentio â phaent "red lead" a'u leinio'n lliwgar â brwsh o flew camel. Crefft ar ben ei hun bron oedd y leinio yma a gwnaem yr un peth ar droliau ar wahân i lythrennu enw'r perchennog a'i fferm ar yr ochr. Llythrennid enw'r gwneuthurwr hefyd ar y troliau, un ai ar y bocs echel neu ar le llai amlwg nag enw'r perchennog fel rhyw fath o hysbyseb am wn i. Dywedir mai Mrs Thomas, gwraig William Thomas y gof o Bentrefoelas, oedd y pencampwr ar y gwaith leinio cerbydau.

Celficyn arall at bwrpas cario gwair ac ŷd oedd y car cynhaeaf. Byddai'r olwynion yn llai o drawsfesur nag olwynion trol fel arfer. Nid oedd ond ffrâm ar ddwy olwyn mewn gwirionedd a'r gwaelod wedi ei fyrddio, a breichiau i fachu'r ceffyl wrtho. Ar y ddau ben i'r corff roedd hiplenni ar oleddf yn llithro i mewn i staplau cryfion wedi eu sicrhau wrth y ffrâm. Byddai'r hiplenni'n ymestyn dros y crabiau ymlaen ac yn ôl, a thua pedair troedfedd a chwe modfedd o hyd, gyda dwy arall un bob ochr ar gyfer yr olwynion a thua dwy droedfedd o uchder ac yn llathen go lew o hyd. Dim ond ar y ffermydd mwyaf y byddai rhain i'w cael.

Ar ambell fferm mi fyddai yna lori, neu 'lyri' fel y'i gelwid hi'n aml, a byddai hon hefyd yn cael ei defnyddio yn y cynhaeaf ac i gario llwythi o bynnau ceirch neu wrteithiau. Nid oedd ochrau arni fel arfer wrth gario cynhaeaf ond roedd rhai ar gael i gario pethau eraill. Clwt o blatfform ar ffrâm pedair olwyn a'r rhai blaen yn llai o dipyn na'r rhai ôl oedd hon. Byddai rhyw ddyfais a elwid yn wels o dan y pen blaen, sef dau gylch o haearn yn troi ar ei gilydd, a hyn yn galluogi'r olwynion blaen i droi i'r chwith neu'r dde fel y byddai angen, a throi'n hollol groes o dan y corff os byddai gofyn.

Un o'r celfi mwyaf hamddenol oedd y cargo ac yn amrywiol iawn ei ddibenion. Nid oedd ond dau bren hir a weithredai fel ffrâm a llorpiau, dau grab ar draws, ymlaen ac yn ôl ar y gwaelod a byrddau rhyngddynt. Pymtheg troedfedd o hyd oedd y ddau bren hir, rhyw wyth troedfedd

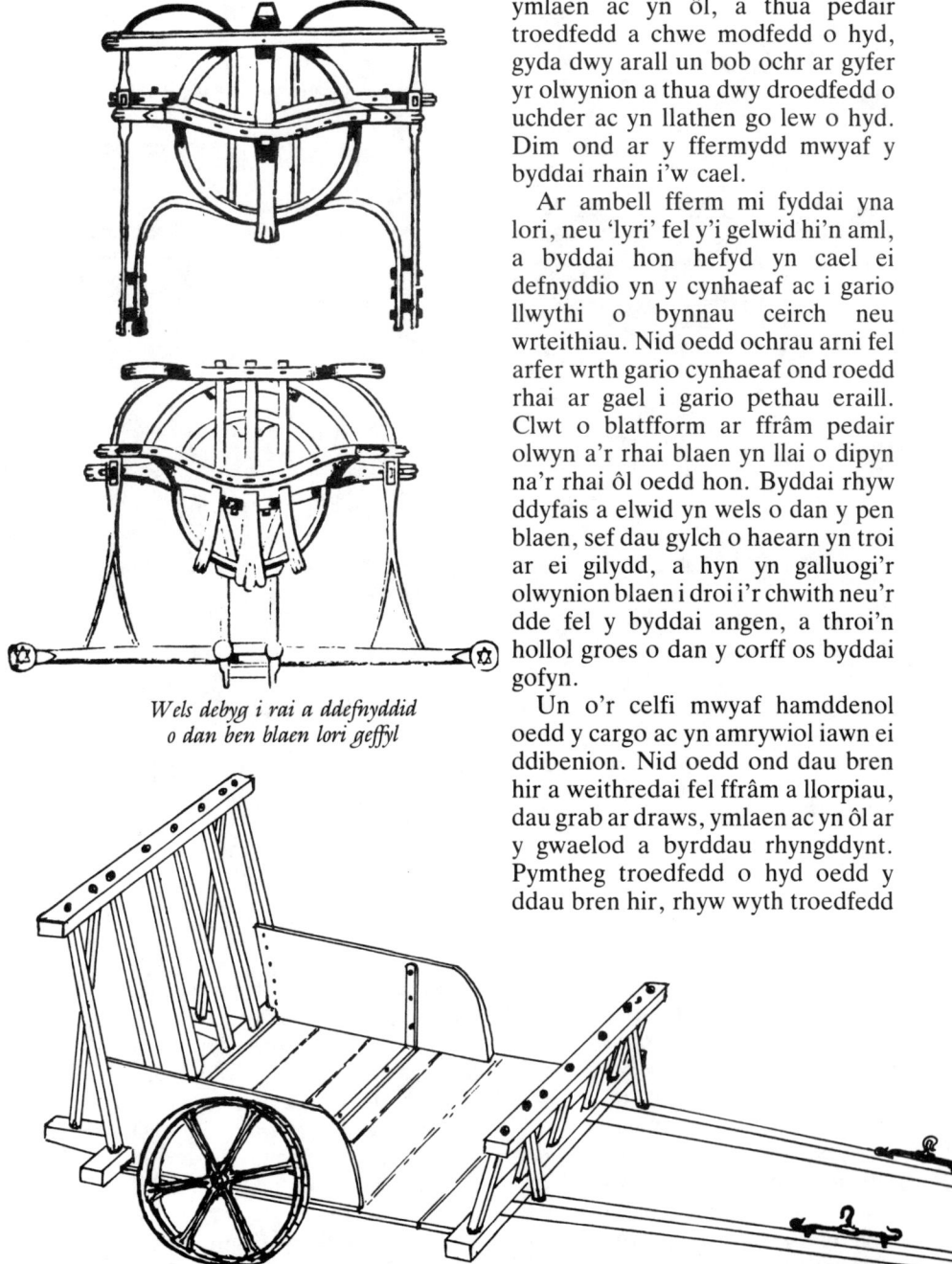

Wels debyg i rai a ddefnyddid o dan ben blaen lori geffyl

Cargo

ohonynt yn gweithredu fel breichiau, chwe troedfedd yn waelod a rhyw droedfedd yn ymestyn ymhellach na'r crab ôl. Pen ôl o raels, modfedd a hanner sgwâr, yn codi am bedair troedfedd o dyllau crynion yn y crab ôl a chrab ysgafnach gyda thyllau crynion ynddo ar y top. Rhoddem raelsen ar oleddf o'r troedfedd cynffon oedd yn ymestyn dros y crab ôl i fyny i'r crab ar y top i gynnal y cefn. Roedd yr un math o beth ar y pen blaen, ond rhyw hanner llath oedd hyd y raels rheiny gyda phwt o raelsen o'r llorpiau i ben y crab uchaf i weithredu fel siecffon i'w gynnal. Byddai byrddau wedi eu hoelio ar yr ochr i mewn i'r raelsen gefn allanol yn ochrau tua hanner llath o ddyfn am ran o'r ffordd o'r raelsen ôl, ond heb fod yn cyrraedd y blaen o tua dwy droedfedd a hanner. Sicrheid haearn fflat ar draws y gwaelod, tua chanol y llawr, wedi ei blygu i fyny i gynnal yr ochrau. Rhedai gwerthyd neu echel o rhyw fath ar draws ar flociau o dan y ddau bren hir ac ar bob pen i'r werthyd byddai'r olwynion. Hen olwynion haearn peiriant lladd gwair a drowyd heibio a fyddent ran amlaf ac o'r herwydd byddai ei dîn yn isel, yn enwedig os na fyddem wedi rhoi blociau o dipyn o faint o dan y ffrâm i gynnal y werthyd; yn wir byddai mor dîn isel ambell dro nes y byddai'n llusgo'r llawr ar ffyrdd lle byddai'r rhowtiau yn ddyfnion.

Eisteddai'r ciartar yn synfyfyriol yn y bwlch rhwng pennau'r byrddau ochr a'r hiplen flaen, a'r awenau yn aml wedi eu rhwymo wrth y crab uchaf neu yn hongian yn esgeulus drosto. Pwrpas y cargo oedd mynd â phwn i'r felin i'w falu, cario rhedyn a brwyn, gwair ac ŷd pan fyddai eisiau rhyw jegyn ac amryw o fân ddyletswyddau a negeseuau eraill. Rhywbeth heb fod yn llawn llwyth oedd jegyn. Rhywbeth a gyrchid drannoeth pan fyddai gormod i fynd

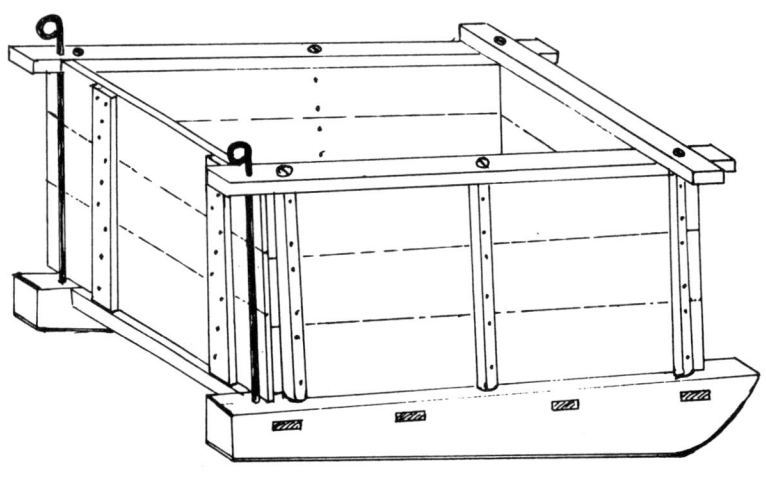

Sled bocs

ar y llwyth olaf o'r cae. Deuai cawod o law ambell dro ar ganol llwytho a phrysurid i fynd â hynny oedd ar y drol eisoes i'r gadlas er na fyddai'n llwyth llawn. Jegyn oedd hwnnw hefyd.

Yn fuan daeth tro ar fyd. Daeth dyddiau yr hen olwynion coed i ben a daeth troliau lladron yn eu lle — olwynion rwber yn mynd yn ddistaw o dan yr hen drwmbeli. Nid heb wrthwynebiad mawr y daeth rheiny'n ffasiynol. Codai bob math o esgusion rhag eu defnyddio. Rhai yn mynnu eu bod yn rhy isel, eraill yn gweld perygl iddynt fyrstio, dychryn y ceffyl, hwnnw'n rhedeg, lladd y ciartar a phob math o ddinistr dychmygol arall. Dod a wnaethant bob yn bâr, fodd bynnag. . .

Prynem hen echelydd car neu lori am rhyw bunt neu ddwy a'u bolltio o dan yr hen drwmbeli. Collwyd sŵn y drol yn bocsio, a sŵn y cargo'n rwmblian yn flêr ar ei ffordd i'r felin. Newidiodd y drefn er i rai ddal yn gyndyn a hir at yr hen ddulliau, hyd yn oed car llusg, sled bocs a sled wair.

Llusgo a wnâi car llusg, fel yr awgryma'r enw, heb olwynion ond sodlau o bren caled wedi eu sicrhau o dan gynffon y llorpiau. Rhyw fath o gefn o raels i atal y llwyth rhag llithro dros y pen ôl, a phytiau o raels ar sgiw o'r raels allanol yn y cefn, am rhyw ddwylath, i weithredu fel ochrau ac wedi eu hoelio ar y byrddau gwaelod. Cario rhedyn a brwyn o leoedd drwg lle na ellid mynd â throl yn hwylus oedd ei ddiben. Rwy'n amau mai rhyw fath o ddatblygiad o'r car llusg oedd y cargo, wedi rhoi olwynion o tano ac ychwanegiadau bach mwy soffistigedig yma ac acw.

I gario tail i diroedd anhygyrch neu i nôl mawn o'r geulan roedd sled bocs yn gelficyn digon hwylus i'w fachu wrth geffyl neu ferlyn. Hanner coron a 'mwyd gefais am wneud y gyntaf; dyna oedd y ddealltwriaeth y ddau ddydd cyntaf i mi ddechrau gweithio fel prentis. Bûm wrthi am y

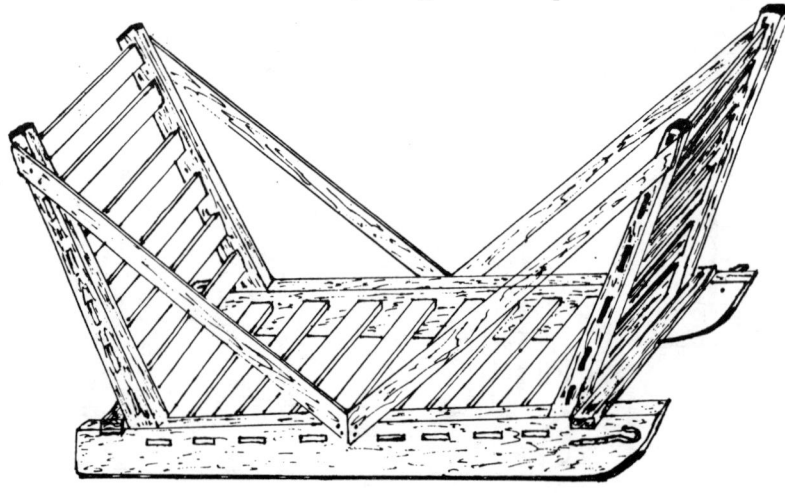

Sled Cynhaeaf

*Defnyddir sled bocs i gario tail ar fferm
y Fedw Arian Isaf, Rhyduchaf, Y Bala
(llun: Amgueddfa Werin Cymru)*

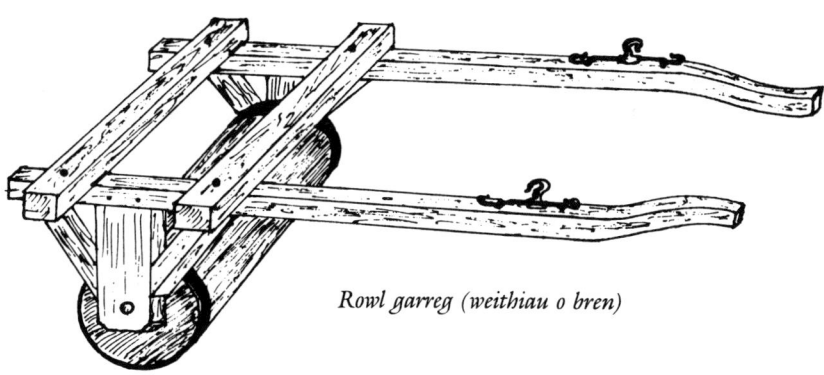

Rowl garreg (weithiau o bren)

ddau ddiwrnod llawn; nid oeddwn wedi cael fawr o gyfarwyddiadau; doeddwn i erioed wedi gwneud un o'r blaen a heb sylwi rhyw lawer ar wneuthuriad y rhai oeddwn wedi eu gweld. Am wn i fod yna rhyw debygrwydd i sled bocs ynddi wedi i mi ei gorffen. P'run bynnag roedd y bwyd yn fwy o werth na'r cyflog mae'n siwr, ond teimlwn yn bur gyfoethog ar derfyn y ddau ddiwrnod a dyna'r hanner coron gwerthfawrocaf braidd a welais erioed.

Nid yw sled bocs yn ddim mewn gwirionedd ond dau ripyn o bren ar eu cyllith tua phedair troedfedd go dda o hyd, pedwar o glefyddau wedi eu morteisio iddynt ar draws a byrddau wedi eu hoelio arnynt. Tyllau crynion, dri neu bedwar o bobtu yn y coed ar eu cyllith, i ddal raels rhyw ddwy droedfedd a hanner o hyd ar i fyny a byrddau wedi eu hoelio arnynt fel ochrau, a math o garfannau ar y top. Pen blaen wrth gwrs, a thincar. Dwy handlen bwced wedi eu hunioni ac yn mynd drwy dyllau yn y carfannau i dyllau yn y ddau ripyn pren ar y gwaelod oedd yn dal y tincar. Tua dwy droedfedd a hanner oedd dyfnder y sled bocs a dwy droedfedd a hanner da o led. Byddai stapal gref wedi ei gyrru i flaenau'r coed oedd yn llusgo i fachu tyniadau'r ceffyl.

Roedd sledi gwair neu sledi cynhaeaf yn fwy o bethau o dipyn. Roeddent dros saith troedfedd o hyd ac yn tynnu am bedair troedfedd o led. Dwy wadan ar eu cyllith yn naw neu ddeng modfedd o led ac yn dair modfedd o drwch a chlefyddau ar draws, wedi eu morteisio iddynt, a chrabiau cryfach ar draws, ymlaen ac yn ôl. Tueddai'r gwadnau i leihau yn eu dyfnder at y pen ôl. Gosodid hiplenni ar osgo yn y pen blaen a'r pen ôl a chlefyddau o'u pennau wedi eu sicrhau wrth ochrau'r gwadnau yn y canol. Rhoddid darn o haearn ar eu hyd o dan y gwadnau i'w harbed rhag gwisgo, a thro i fyny ynddo o dan y pen blaen i ganlyn y tro oedd yn ffurf y wadan. Staplau wedi eu gyrru i ochrau'r gwadnau yn y pen blaen a roddid ar gyfer bachu'r tyniadau. Mewn lleoedd anhygyrch a charegog y defnyddid hwy amlaf, i gario gwair neu frwyn neu redyn. Roedd brwyn a rhedyn yn rhyw fath o gynhaeaf hefyd; y brwyn i doi teisi mawn ac ŷd a'r rhedyn ar gyfer gwlau i rai anifeiliaid ac ar y tatws wrth eu cwtsio.

Yn awr ac yn y man byddai galw am ffrâm rowl. Y celficyn a ddefnyddid i wastatáu'r ddaear ac i yrru rhai cerrig o'r golwg pan fyddai'r gwair yn dechrau tyfu, a'r amaethwr efallai heb ddigaregu'r tir oedd hwn. Ymddangosai'r cerrig p'run bynnag o flwyddyn i flwyddyn fel petaent yn codi o'r ddaear efo'r tyfiant, waeth sawl tro y byddid wedi carega. Roedd rhai o'r rowliau yn bur gyntefig a'r rhowlyn ei hun wedi ei wneud o garreg neu bren a'r ddau ben wedi eu cylchu â haearn a phytiau o echel ohonynt i'r ffrâm bren. Roedd breichiau wrthynt a rheiny yn sythion, weithiau heb y tro a fyddai ym mreichiau trol. Yn y rhai diweddaraf roedd y rhowlyn yn haearn bwrw a'r ddau dalcen hefyd. Wedi i'r tractorau ddod i'r ardal, pwt o bowl oedd wrthynt yn hytrach na breichiau, ac yn wir, roedd rhoi powl yn lle breichiau yn waith digon arferol ar amryw o gelfi fel y diflannai'r ceffylau o'r tir.

Gwaith y Gwanwyn

Yn gynnar yn y gwanwyn byddai galw am sgilbrenni at aredig. Byddai rhai wedi "braenaru iddynt fraenar cynnar" iawn wrth gwrs.

Roedd amrywiol fathau o sgilbrenni. Byddai sgilbrenni bach at aredig, dwy ohonynt yn llathen a modfedd o hyd, yn dair modfedd da yn y canol ac yn meinhau tua'r pennau, lle y byddai dolennau wedi eu gwisgo arnynt yn boeth o'r tân i fachu'r tyniadau wrthynt a rhyw ddolen debyg yn y canol. y gof fyddai'n eu gwisgo'r rhan amlaf. Byddai sgilbren caseg gyfebr yn hwy o dair modfedd. Roedd yna sgilbren fawr hefyd gyda chylch neu ddolen ym mhob pen lle cysylltid y sgilbrenni bach wrthi, a byddai rhimyn o haearn ar yr ymyl flaen iddi yn y canol a chylchyn symudol o hwnnw am ganol y sgilbren, a bach wrtho i fachu wrth yr aradr. Roedd tyllau yn y rhimyn haearn ar yr ymyl flaen fel y gellid symud y cylchyn — y tröwr a wyddai wrth pa dwll i osod y cylchyn gan y byddai'n fanteisiol iddo fo, wrth ddal yr aradr os oedd y cylchyn yn y lle iawn, a byddai'r llafurio o'r herwydd yn llawer ysgafnach. Nid celfi wedi eu cynhyrchu wrth y cannoedd mewn ffatri oedd yr erydr hyn, ac yr oedd gwahaniaethau amrywiol yn nodweddu pob un. Nid rhyfedd bod rhaid wrth ryw fân gyfnewidiadau yma ac acw i'w cymhwyso ar gyfer gwahanol fathau o dir a throwyr o ran hynny. Roedd y sgilbren fawr aredig yn tynnu am bedair modfedd ar draws ei chanol a hon hefyd yn meinhau tua'r pennau, ac yn bedair troedfedd a thair modfedd o hyd. Caent eu gwneud ag ynn a byddai'n ofynnol i'r pren fod yn un gwydn.

Gwnawn sgilbrenni ogau hefyd i dynnu tair neu bedair ffrâm oged yn ochrau'i gilydd, gyda dau bwt o gadwyn ar gyfer pob ffrâm wedi eu cysylltu â'r sgilbren. Byddai haearn mantais ar hyd un ochr bron i'r sgilbren, gyda rhiciau yn y canol ynddo i symud y bachyn a'r gadwyn wrth lyfnu, i weithredu fel math o gymryd. Pwrpas y cymryd oedd rhoi mantais i geffyl ifanc oedd heb arfer cymaint â chaledwaith. Byddai llai o dynnu iddo wrth symud y bachyn fwy i'r naill ochr neu'r llall.

Fûm i erioed yn troi nag yn llyfnu a rhyw wybodaeth ail-law sydd gennyf am y cymryd a'r haearn mantais mewn gwirionedd, a thawaf ar hynna, rhag ofn fy mod yn dallgeibio.

Cofiaf i mi alw yn nhafarn y *New Inn* yn Llanrwst, nid oedd yno ar y pryd ond Enoc, un o lawr y dyffryn a'r tafarnwr. Awstriad oedd y tafarnwr heb fod wedi llwyr ddysgu'r iaith Saesneg a dim crap o Gymraeg ganddo. Deuai Enoc yno weithiau hefo'i acordion i helpu hefo'r canu.

"*I'll be here on Saturday night,*" meddai Enoc,

"*Fine, fine*" meddai'r Awstriad.

"*With my accordian,*"

"*Fine, fine.*"

"*They'll be down from Ysbyty, and Pentrefoelas and Penmachno, singing you know.*"

"*Fine, fine.*"

"*Remember it will be hymns that*

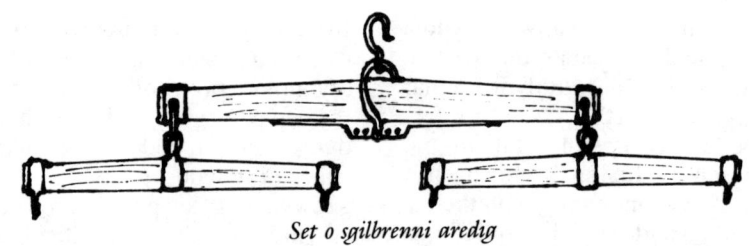

Set o sgilbrenni aredig

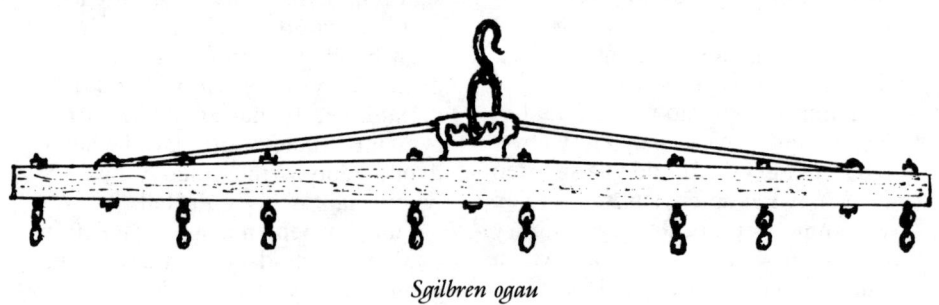

Sgilbren ogau

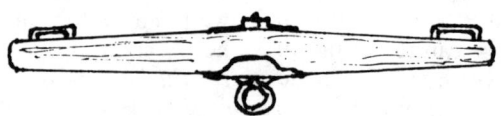

Sgilbren blaen powl

they will be singing, you know, — Ann Griffiths and Williams Pant-y-Celyn and those."
"Fine, fine, bloody good singers."
Dyna oedd dallgeibio go iawn.

Gwnawn fframiau ogau hefyd yn aml, o bren onnen gyda thyllau ynddynt i yrru'r pegiau trwyddynt o'r ochr uchaf fel y gweithredent fel dannedd ar yr ochr isaf. Buan yr aeth rheiny allan o ffasiwn pan ddaeth ogau haearn i gyd i'w disodli. Digon trafferthus oeddynt i'w gwneud p'run bynnag, gan fod rhaid morteisio'r clefyddau ar eu traws a thorri mortais i bob dant.

Yn nhymorau'r cynhaeaf gwair a'r ŷd y byddai galw am sgilbrenni injan. Byddai dwy o rai bach ac un fawr fel gydag aredig ond eu bod yn llai ac yn ysgafnach. Roedd y rhai bach yn ddwy droedfedd ac wyth modfedd o hyd a'r fawr yn llathen ac wyth modfedd. Roedd yna sgilbren blaen powl hefyd, yn llathen dda o hyd ac yn ddwy fodfedd a hanner crwn o drwch yn ei chanol ac yn meinio at y pennau. Roedd yna stapal fawr ynddi yn y canol i'w chysylltu â blaen y powl a stapal hir ym mhob pen i dderbyn y strapiau i'w bachu wrth y ceffyl. Ar y sgilbren blaen powl roedd y pwysau i gyd.

Yn gynnar ym Mai deuai galwad i wneud prysgfeydd. Rhyw fath o rwystr ar draws nant neu afon pan fyddai'r cloddiau'n cychwyn o'r naill lan a'r llall i'r caeau gyferbyn oedd y rhain: ymestyniad mewn gwirionedd o'r clawdd i gyrraedd ar draws rhag i'r anifeiliaid ddefnyddio gwely'r afon fel adwy i gae neu gaeau nad oeddynt i fynd iddynt. Digwyddai hyn fel arfer pan oedd yr afon yn fechan a'r anifail yn gweld amgenach blewyn yn y cae gwaharddedig, fel y gwnant bob amser.

Gwnaem y pryse fel arfer o raels tua llathen o hyd, wedi eu hoelio ar draws dwy raelsen hir a gyrhaeddai bron o'r naill lan i'r llall. Prin y byddai'r raels llathen yn cyrraedd wyneb y dŵr pan fyddai'r afon neu'r nant yn isel. Gosodid raelsen arall gryfach i gyrraedd pentanau'r cloddiau o bobtu'r afon ac yna byddai'r pryse'n cael ei hongian efo weiren neu gadwyn wrth y raelsen gref a phan ddeuai llif Awst byddai nerth y dŵr yn codi gwaelod y pryse i adael prysgwydd a mangoed fynd o tano, ac elai i lawr yn ei hôl fel y byddai'r dŵr yn gostwng.

Yn y gwanwyn hefyd y byddai eisiau paratoi arfau lladd mawn fel y byddent yn barod at y Clame. Byddai eisiau pren croes yn garn ar draws pen yr haearn marcio. Hwn a ddefnyddid gyntaf i farcio'r geulan fawn, sef torri drwy'r dywarchen, weithiau'n dew ac weithiau'n denau — dibynnai ar pa mor agos i'r wyneb oedd y mawn. Ambell dro fe ddefnyddid y tyweirch ar yr wyneb yn danwydd, a gelwid hynny yn dorri talpiau. Tebyg oedd yr haearn marcio, ond fod y coes yn hwy, i'r gyllell wair a ddefnyddid yn y cowlas i dorri tringlenni o'r fainc neu'r orfainc.

Ar ôl marcio wyneb y geulan byddai eisiau haearn donni neu ddi-donni i dorri'r rhimynnau o dyweirch i ddod at y mawn. Clwt o gyllell oedd hon hefyd ar ffurf calon. Coes onnen, cam oedd iddi, tua phedair troedfedd a chwe modfedd o hyd. Rhaid oedd iddo fod o'r camdra iawn fel y byddai'r cosp

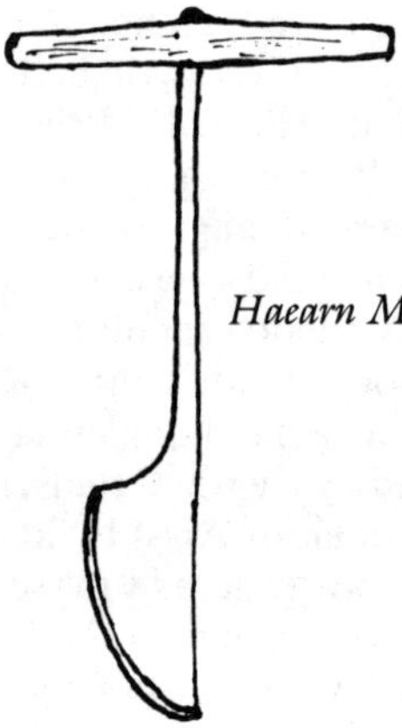

Haearn Marcio  *Haearn donni*  *Haearn donni o'r ochr*

Rhaw fawn

Rhaw fawn o'r ochr

neu'r dwrn cyfuwch ag ochr pen glin y mawnwr pan fyddai'r llafn yn wastad â'r ddaear. Rhoddai hynny fwy o gryfder i'w fraich i wthio'r llafn o dan y tyweirch.

Gelwid yr erfyn a dorrai'r fawnen a'i chodi o'r geulan yn raw fawn. Cyllell finiog oedd hon â dwy ochr i'r llafn fel hanner sgwâr a'r coes yn tynnu am bedair troedfedd a chwe modfedd o hyd, gyda darn fflat am ddwy droedfedd o'r pen a gysylltid â'r gyllell ei hun. Roedd gweddill y goes yn fodfedd a hanner crwn a chosp neu ddwrn ar draws ei phen.

Ambell dro, fe dorrid y mawn i ddau ddyfn, a rheiny weithiau'n tynnu am ddwy droedfedd o hyd yr un. Roedd mawn yr ail ddyfn yn well mawn, yn dduach ac yn galetach wedi ei sychu. Dywedir fod gan bencampwr o fawnwr dair mawnen yn symud ar yr un pryd; un yn disgyn yn y rhenc, un yn yr awyr a'r llall yn codi o'r geulan: tipyn o gamp fuaswn i'n feddwl. Byddent yn eu taflu yn chwe rhes i ddisgyn yn daclus gyfochrog o'r tu ôl iddynt a thaflent y seithfed rhes i'r pwll os byddai lle gweddol wastad a sych yno. Deuai rhywun yno wedyn i'w codi i bwyso ar ei gilydd i sychu bob yn dair neu bedair, ac ymhen dipyn wedyn byddent yn cael eu hail-godi, yn fwy o nifer efo'i gilydd gan ofalu fod y fawnen oedd isaf y tro cyntaf yn uchaf yr eildro. Gadawent hwy felly hyd ddiwedd haf cyn eu cario at y tŷ i'r hofel fawn, neu i'w tasu weithiau yn y fan a'r lle neu wrth y tŷ a'u toi â brwyn neu wellt i'w cadw'n sych.

Deuai amser llifo gwelleifiau tua canol mis Mai yn barod at y cneifio. Rhaid oedd wrth faen llifo gweddol fân at y gwaith a bod yn bur ofalus a manwl, ac ymorol fod digon o ddŵr yn disgyn ar y maen wrth iddo droi, rhag i'r llafnau dwymo. Pan ddigwyddai hynny, byddai dur y gwellaif yn difetha a thueddai'r min ar ôl hynny i grintio. Yn hytrach na bod y min yn llyfn ar ei hyd byddai mân ddannedd, oedd bron yn anweledig i'r llygad noeth, yn ymddangos arno a phrin y torrai ddim gwlân ar ôl hynny. Dyna oedd min yn grintio. Digwyddai yr un peth i lafnau pladuriau neu unrhyw erfyn arall oedd yn cael ei lifo ar faen os y byddai wedi ofer dwymo. I brofi fyddai yna fin ar ôl llifo a hogi'r gwellaif, cymerem dusw bach o wlân a'i osod ar y min rhwng y ddau lafn, ac os oedd yn torri heb symud dim ymlaen a heb i'r hogwr afael ynddo, byddai'r min yn foddhaol.

Amser dipio defaid byddai galw am wneud dowcar. Pren crwn rhyw ddwylath da o hyd a thipyn cryfach na choes picfforch yn goes iddo, ac ar flaen honno roedd pren ar ffurf llythyren 'S', ond ei bod ychydig yn fwy penagored. Byddai'r tro ar un ochr ar i lawr i wthio gwar y ddafad dan y dŵr yn y twb dipio, a thro ar i fyny yr ochr arall i'w chodi o'r dŵr gerfydd ei gwddf.

Yn ystod dyddiau'r heth, heblaw gwneud cribiniau, byddem wedi paratoi amryw o goesau pladuriau. Tua diwedd Mai, deuai rhai â phladuriau i'r gweithdy i'w hail osod neu i gael coesau newydd iddynt cyn y cynhaeaf gwair ond mynnai eraill gael y saer i'r buarth i wneud y gwaith. Gosodwn wyth neu ddeg ar y tro yn rhai o'r ffermydd mwyaf. Byddai gan bawb ei bladur ei hun, a rhai pladuriau wrth gefn, ar gyfer pladurwyr achlysurol, ond byddai

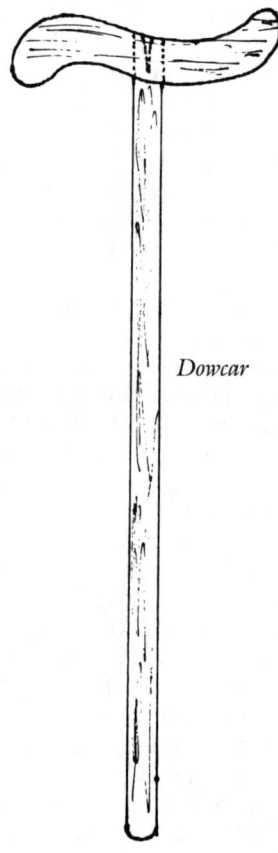

Dowcar

gan y pladurwyr proffesiynol a gyflogid ar gyfer y cynhaeaf eu pladuriau eu hunain. Nid yr un math o osodiad a wnai'r tro i bawb. I bladurwr tal rhaid oedd gosod y llafn yn graff i'w arbed rhag plygu'n ormodol y tu hwnt i'w blyg naturiol. I'r byr o gorff gosodid y llafn yn angraff. Roedd mwy o osgo yn y llafn a osodid yn graff ac i'r gwrthwyneb yn y llafn a osodid yn angraff. Rhaid oedd i'r gosodiad fod i mewn neu allan yn ôl y gofyn. Allan hanner modfedd i dorri gwair ac i mewn hanner modfedd o'r pen cwmpas i dorri ŷd. Cymerid llinyn main a mesur hyd y llafn o'r blaen i'r bôn ac yna troi y llinyn yn yr hyd hwnnw o'r bôn i lawr ar hyd coes y bladur, ei droi eto yn yr un hyd o ganol y coes lle y byddai wedi cyrraedd yn ôl i gyfeiriad blaen y llafn, ac os na fyddai'n cyrraedd blaen y llafn byddai'r gosodiad allan ond os cyrhaeddai tu hwnt i flaen y llafn roedd y gosodiad i mewn. Byddai'n ben cwmpas os byddai'n cyrraedd yn union i flaen y llafn ac roedd gosodiad felly yn waeth pechod na'r pechod gwreiddiol am wn i.

Pan brynid llafn pladur newydd roedd rhaid mynd â fo at y gof i godi'r colshant. Hwnnw oedd y darn cam yn estyniad y wialen gefn tu hwnt i fôn y llafn ac wrth hwnnw y cysylltid y llafn wrth y goes, efo torch o haearn amdano a wedjen bren i'w gadw yn ei le. Roedd yna hefyd bwt o haearn a elwid yn ffrwyn wedi ei rybedio wrth fôn y llafn, a'i blygu a'i hoelio am ben y goes. Wedi i'r gof godi'r colshant roedd llafn y pladur yn nes i'r ddaear na phen y goes. Arbedai hynny rhag i'r goes gluro'r llawr ac wrth fod y goes yn uwch na'r llafn gweithredai hwnnw'n well i symud yr ystod i'r naill ochr. Yr ystod oedd y gwair a fyddai wedi ei dorri â'r llafn, a'i osod yn rhenc daclus fel yr elai'r pladurwr yn ei flaen a gadael gwanaf lân rhwng pob ystod. Torrai ambell bladurwr profiadol waneifiau gwair o gryn led, dros bum troedfedd a byddai gwanaf a elwid "gwanaf orchest" dros ddwylath o led. Byddai'r gwaneifiau o ŷd yn llai o led.

Roedd â wnelo gosodiad y bladur hefyd â'r arfod. Yr arfod oedd yr

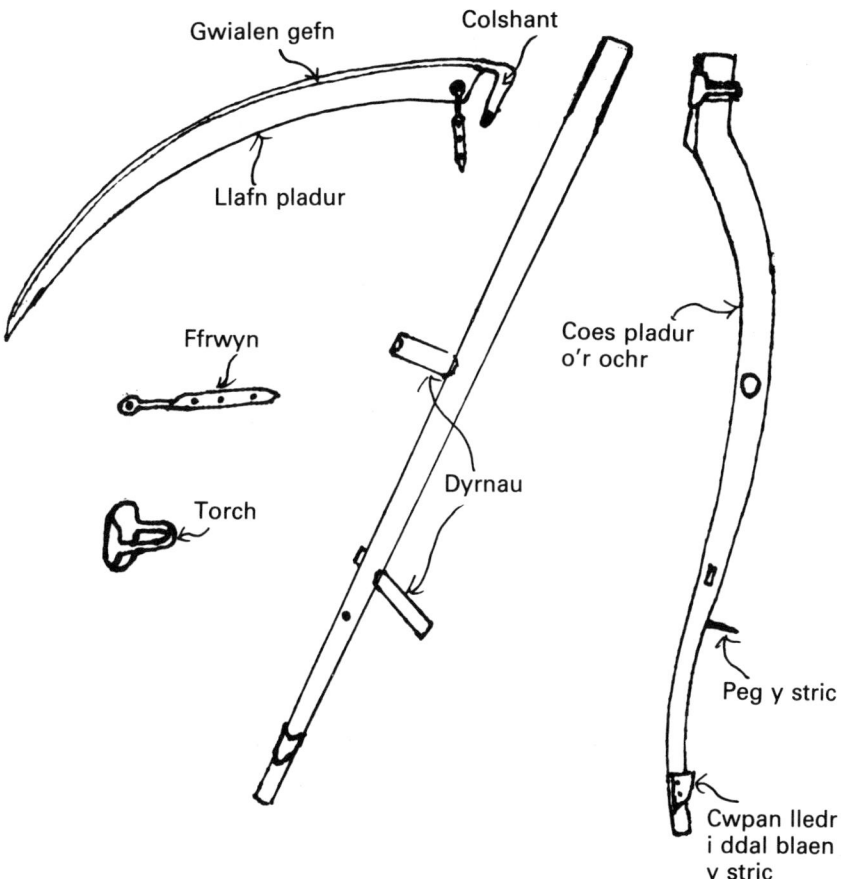

hyn a dorrai'r bladur ymlaen i'r gwair byw.

Byddai llafnau pladuriau newydd i'w cael yn siop yr haearnydd Jones a Bebb yn Llanrwst ac elai ambell lefnyn yno i ddewis un, un o'r ugeiniau oedd ar werth. Rhaid fyddai, yn gyntaf oll, ddewis un ag enw Isaac Nash wedi ei stampio ar y wialen gefn, gan mai hwnnw a gyfrifid y 'duw' ymysg gwneuthurwyr llafnau pladuriau y dydd.

Ni fyddai'r llefnyn yn unig wrth y gwaith o ddewis. Byddai amryw o weision a meibion ffermydd eraill, yno'n dethol ac yn dewis. Roedd yn waith pwysig iawn yn ôl yr amser a gymerid i gael yr un iawn. Edrychent yn fanwl ar hyd y llafn, chwythent arno, ac os arhosai'r angar arno'n hir, nid oedd yn arwydd da. Hongient y llafn ar un bys gerfydd y colshant a'i daro'n sydyn â gewin y bawd i glywed ei sŵn — oherwydd disgwylid iddi ganu. Nid oedd rhyw sŵn dwl yn arwydd da. Aent â'r llafn allan i'r haul i gael gweld a oedd yna liw samon arno, arwydd o fetel da. Nid unwaith na dwywaith y byddai'r ddrama yma'n cael ei hactio. Ceisiai rhai guddio eu hanwybodaeth wrth fynd drwy'r mosiwns. Ni fuasai raid iddynt, gan na allai neb ddweud i sicrwydd p'run ai pladur dda neu sâl fyddent wedi ei phrynu, nes yr elent i'r cae a dechrau pladuro.

Dwy droedfedd a phedair modfedd oedd y mesur o'r colshant i'r dwrn cyntaf ac ugain modfedd wedyn o hwnnw i'r dwrn ôl. Gosodid peg tua chwe modfedd yn nes yn ôl wedyn i ddal y stric a darn o ledr wedi ei hoelio'n gwpan i dderbyn ei flaen.

Naw ceiniog i swllt oedd pris ail osod hen bladur. Dau swllt am osod pladur newydd neu goron os byddai pris y goes yn cael ei gynnwys. Swllt a thair a fyddai pris stric a swllt am lifo'r llafn.

Y stric oedd y darn pren dwy fodfedd a chwarter sgwâr yn ei ddarn lletaf wedi ei naddu yn big tuag un pen, efo handlen ar y pen arall. Gwernen oedd ei ddefnydd y rhan amlaf, yr un fath â'r goes. Y stric oedd yn hogi'r bladur. Gorchuddid y pedair ochr iddo â bloneg mochyn ac yna ei bwyso ar domen o grit — rhyw fath o faen wedi ei falu yn fân oedd y grit — cydiai hwnnw yn y bloneg a gweithredu fel math o galen hogi. Byddai min yn deifio ar y llafnau ar ei ôl gan hogwr da. Clywais y dywediad aml dro, "os na chwysi di wrth hogi, fe bibi wrth dorri".

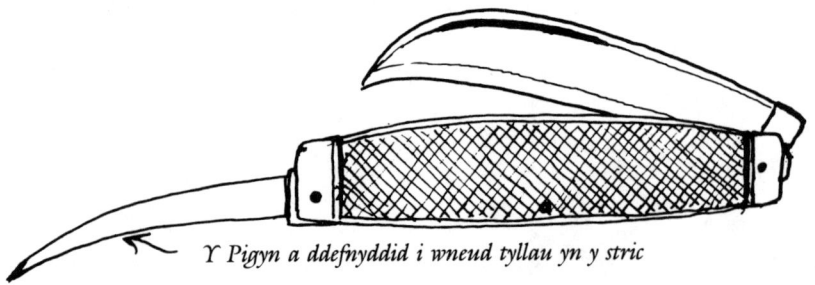

Y Pigyn a ddefnyddid i wneud tyllau yn y stric

Roedd yna gorn bloneg a chorn grit i gario'r bloneg a'r grit i'r cae ac yn aml byddai ganddynt ddarn o ledr i daenu'r grit arno er hwyluso'r gwaith o gael grit ar y stric. Cyrn rhyw hen darw oedd llawer ohonynt ac enwau hen bladurwyr wedi eu cerfio arnynt yn rhyw oes, a'r dyddiad ambell dro. Torrid rhigol ar draws hanner y pen tewaf a rhoddi math o gaead yn ffitio i'r rhigol i gau ar y grit. Nid bob amser y byddai'r bloneg a'r grit yn cydio'n ddigon da yn y stric a'r pryd hynny deuai'r gyllell allan o boced trowsus ribs y pladurwr. Hen gyllell fawr â llafn ar un ochr a rhyw big ar yr ochr arall — i dynnu cerrig o garnau'r ceffyl, medden nhw — ond ar yr achlysur yma roedd yn erfyn hwylus i wneud ugeiniau o fân dyllau ym mhedair ochr y stric ac yna mynd trwy yr un oruchwyliaeth o daenu'r bloneg yn ofalus, rhoi'r darn lledr ar draws y cluniau, tywallt y grit yn ofalus a phwyso'r stric arno nes y byddai'r pedair ochr flonegog wedi eu gorchuddio'n drylwyr â'r llwch cochlyd. Hamddenol oedd y broses.

Celfi'r Cynhaeaf

Prysurai pethau'n arw ym Mai a Mehefin pan fyddai eisiau trwsio siediau gwair ymysg pethau eraill. Ambell dro, ail-doi fyddai'r dasg, yn aml gosod pyst newydd fyddai hi ac weithiau rhaid oedd gwneud siediau newydd. Pyst o lartsus o'r goedwig agosaf a choed meddal tramor i ddal y to sinc a'r ochrau a'r talcenni oedd defnydd y siediau. Tua phum ceiniog neu chwech y droedfedd oedd pris sinc yr adeg honno ac os byddech yn prynu llawer ohono efo'i gilydd gallech ei gael am rôt y droedfedd a hwnnw'n sinc o ansawdd da. Fe gaech sied newydd o faintioli go dda am tua deugain punt yn cynnwys y llafur, y coed, y sinc, yr hoelion a'r pyst ac mae llawer ohonynt yn dal ar eu traed hyd heddiw. Miloedd yw'r prisiau heddiw ac nid degau.

Deuai'r cynhaeaf gwair mewn dim amser a chelfi'n malu yn y gwylltineb. Byddai galw am ffrâm telyn neu ben telyn yn aml iawn.

Nid telyn i'w chanu oedd hon, a phrin y byddai llawer o ganu yng nghalon y sawl a fyddai'n gorfod ei thynnu. Enw arall arni oedd cribin sofl ac fe'i defnyddid i hel yr ola' ar ôl clirio'r cae o wair neu ŷd. Ffrâm oedd hi heb fod yn anhebyg i ffurf telyn os oes gennych dipyn o ddychymyg, efo ffyn ar ei thraws i afael ynddynt ac wedi ei gwneud o bren onnen. Pedair troedfedd a hanner oedd hyd y pen a dannedd o haearn ar hanner tro wedi eu gosod ynddo. Ni fyddai neb yn rhy hoff o'i llusgo yn ôl ac ymlaen ar hyd y cae drwy'r dydd. Rhyw grymffast o hogyn a fyddai'n cael ei yrru yn aml i wneud y gwaith. Gwaith digon di-fudd oedd o hefyd gan na

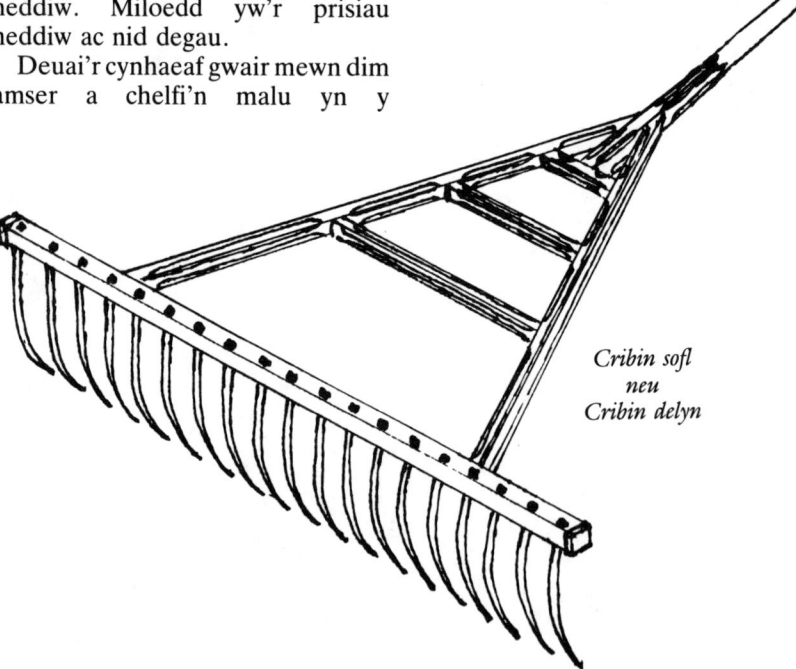

*Cribin sofl
neu
Cribin delyn*

fyddai'r gwair neu'r sofl a fyddai wedi ei hel yn rhenciau main ar draws y cae yn fawr o swm yn y diwedd. Dyna'r drefn, ac mae'n debyg ei bod yn rhaid hel pob blewyn. Gwelais rai, hyd yn oed, yn "hel yr ola" efo cribiniau bach ac roedd hynny'n waeth tasg, am wn i, a'r swigod yn codi ar ochrau'r bodiau wrth i goes y gribin redeg yn ôl ac ymlaen ar ei hyd, ddydd ar ôl dydd. Clywais ddywediad fod eisiau hel pob blewyn o wair pan fyddai digonedd ohono, ond pan fyddai'n brin, nad oedd raid bod mor fanwl. Byddai hynny'n arwydd o aeaf agored ac na fyddai angen gymaint o gnwd cyn y delai blewyn glas y gwanwyn.

Beunydd yn y cynhaeaf byddai rhywun yn torri powl yr injan dorri gwair; roedd rhaid cadw cyflenwad o lartsus neu ynn at bwrpas eu hadnewyddu. Roeddent bron yn bedair troedfedd ar ddeg o hyd ac yn bedair modfedd a hanner o led wrth dair o drwch ac yn meinio i dair modfedd sgwâr yn y blaen.

Byddai powl hefyd wrth y pŵer malu, a fyddai'r rhan amlaf yng nghefn y sgubor, at droi yr injan falu gwellt, a phowl wrth y pŵer corddi yng nghefn y tŷ, wedi ei gysylltu â'r fuddai gorddi yn y llaethdy efo rhoden haearn hir a chocos ar ei deupen. Cerddai'r ceffyl ar gylch yn hyd y powl. Galwai rhai'r peiriant yn "gin" neu'n "horse gin".

Clywid y peiriannau torri gwair yn ystod y cynhaeaf yn dechrau â'u sŵn tua phump o'r gloch y bore. Rhwng sŵn honno a sŵn rhegen yr ŷd nid oedd fawr obaith i chi gysgu llawer wedyn. Llorpiau ac nid powl fyddai ar injan dorri gwair un ceffyl a byddai rhai o'r rheiny i'w cael ar rai ffermydd bach, lle na byddai gwedd o geffylau.

Llorpiau oedd ar y gribin geffyl hefyd a byddai angen adnewyddu rheini'n achlysurol. Roedd yna sêt o haearn i'r ciartar eistedd arni uwchben y gribin a rhyw lifar troed neu law i godi'r dannedd i ddadlwytho'r gwair wrth gyrraedd y rhenc. Cyn hel efo'r gribin geffyl byddai rhywrai wedi bod wrthi efo'r gribin bach yn tannu'r stodiau er mwyn i'r gwair gynhaeafa, os na fyddent mor lwcus â bod yn berchen ar giciwr ar olwynion a cheffyl i'w dynnu. Rhyw beiriant uffernol yr olwg arno oedd y ciciwr — rhywbeth y gallech yn hawdd dychmygu rhyw ddiafol yn ei gynllunio efo'r chwech neu saith o ffyrch triphig yn troi'n gynddeiriog yn ei dîn gan luchio'r gwair o'r stodiau i'r awyr fel pe wedi colli arno'i hun.

Ambell dro byddai'n rhaid trin y gwair lawer gwaith cyn y byddai'n ddigon da i'w gario, ac yn aml deuai'n drwp o law ar ei ben cyn ei hel. Fe wnai wair i'w fydylu hyd yn oed pan na fyddai'n hollol barod i'w gario, ond rhaid oedd ei chwalu ac ysgwyd y rheiny wedyn, er mwyn iddynt sychu cyn eu cario i'r gadlas.

Roedd yna gelficyn arall a elwid yn dymblar. Enw arall arno oedd "American Rake". Byddai hwn hefyd yn rhencio ac yn tyrru. Palet o bren tair modfedd a hanner sgwâr a thros wyth troedfedd o hyd oedd asgwrn cefn hwn. Roedd bachau o haearn yn troi ar dolynnau ym mhob pen i'r palet i fachu tyniadau'r ceffyl. Roedd pen y palet wedi ei gylchu hefyd. Morteisid y palet bob rhyw wyth modfedd ac ym mhob mortais byddai dant o bren yn ymestyn trwyddynt tua modfedd a chwarter sgwâr ac yn ddwy droedfedd o hyd o'r palet ymlaen ac yn ôl. Gwneid y cwbl o onnen. Ar flaen pob dant roedd pigyn o haearn a thro bach i fyny ynddo i arbed y pren rhag gwisgo. Wedjes o bren ar un ochr i'r dant yn y fortais oedd yn ei sicrhau wrth y palet. Roedd byrddau o bren ar hanner tro ar eu cyllith wedi eu sicrhau o bob tu dau o'r dannedd tua dwy droedfedd a hanner oddi wrth ei gilydd yn y canol, a rhimyn o haearn main wedi ei sgriwio ar eu hymylon. Ar rheiny y llusgai'r tymblar ar hyd y ddaear. Pâr o freichiau ceimion yn ymestyn o'r palet am rhyw bedair troedfedd i'r gweithiwr afael ynddynt. Roedd darn o haearn fflat yn llac am y palet ac wedi ei hoelio ar ymyl y fraich a dau flocyn bach ar y fraich dde ac un ar y fraich chwith. Ffitiai'r ddau flocyn am un o'r dannedd i gadw'r tymblar yn wastad nes y byddai wedi hel digon o wair i gychwyn rhenc ac yna tynnu'r fraich a'r ddau flocyn oddi wrth y dant a chodi'r fraich arall a'r un blocyn o dan y dant nes y byddai dannedd y tymblar yn bachu yn y ddaear. Elai'r cwbl drosodd wedyn gan adael y gwair yn y rhenc a'r breichiau yn dal yn nwylo'r gweithiwr. Anodd oedd rheoli'r peth i'r amser iawn fel y byddai'r rhenciau yn union ar draws y cae. Anoddach fyth oedd ei ddal rhag iddo barhau i fynd a'i dîn am ei ben am y clawdd heb hel dim. Ambell dro byddai'r dannedd wedi eu gwneud o haearn, ond plygu a wnai rheiny a malu a wnai'r rhai pren o ran hynny.

Daeth rhywbeth a elwid yn swîp i ddisodli'r tymblar a oedd ychydig yn saffach efallai. Palet tua naw troedfedd oedd hwn hefyd yn saith modfedd o led a thair o drwch. At ymlaen yn unig oedd dannedd hwn a'r ddau ddant agosaf i'r canol yn tynnu am lathen o hyd a'r lleill yn byrhau i ryw ddwy droedfedd fel yr aent yn nes at bennau'r palet. Credaf fod wyth dant, o bren onnen ac yn ddwy fodfedd a hanner wrth fodfedd a hanner o drwch wedi eu bolltio wrth y palet. Roedd yna ddwy fraich ar hanner tro a rheiny wedi eu bolltio wrth ochr flaenaf y palet a haearn o gefn y palet i gynnal y breichiau. Ceid bach haearn ym mhob pen i'r palet i fachu'r tyniadau. Y cwbl oedd eisiau ei wneud oedd bachu'r ceffyl wrtho a'i lusgo hyd y cae. Pan fyddai digon o wair wedi hel ar y dannedd fe godid ychydig ar y breichiau a byddai'r ddau ddant hiraf yn y canol yn bachu'n y ddaear ac fe âi drosodd gan ddadlwytho'r gwair a fyddai wedi ei hel, a disgyn yn fflat ar y ddaear. Câi ambell hen giartar druan a arferai fod yn heini a throediog gynt, drafferth i gamu dros y rhenc, dal ei afael yn yr awenau a chythru i ail afael ym mreichiau'r swîp yr un pryd. Bu'r swîp am gyfnod yn ddefnyddiol, ond ni fu'n boblogaidd a byr fu ei dymor.

Pan fyddai'r tywydd yn ddrwg a'r ffermwr bron yn gorfod dwyn y gwair o'r cae, byddai'n arferiad gwneud hulogydd ar y cae i arbed yr amser a gymerai i gario'r gwair at y tŷ. Math o deisi heb fod yn fawr iawn oeddynt a byddent ar y cae am wythnosau weithiau cyn eu cario adref. Hulog oedd y gair am un.

Yr un oedd yr hanes yn ystod y

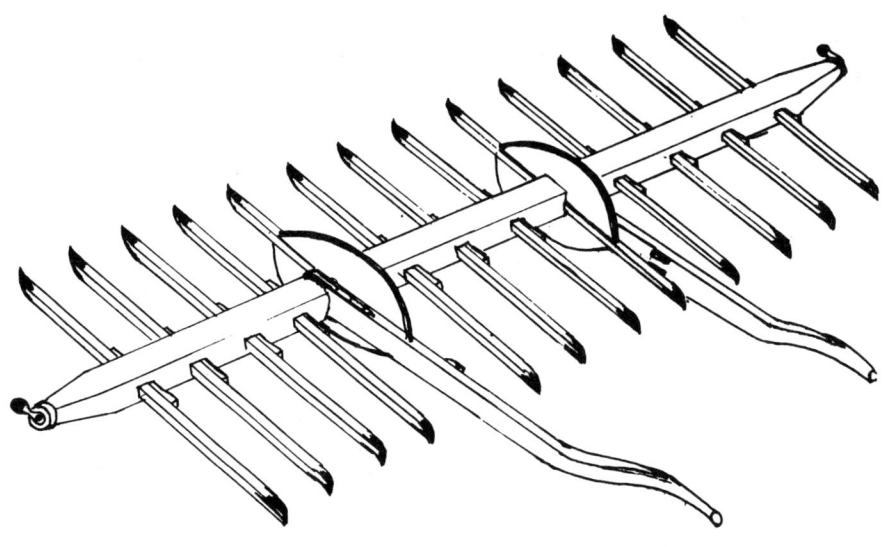

Tymblar

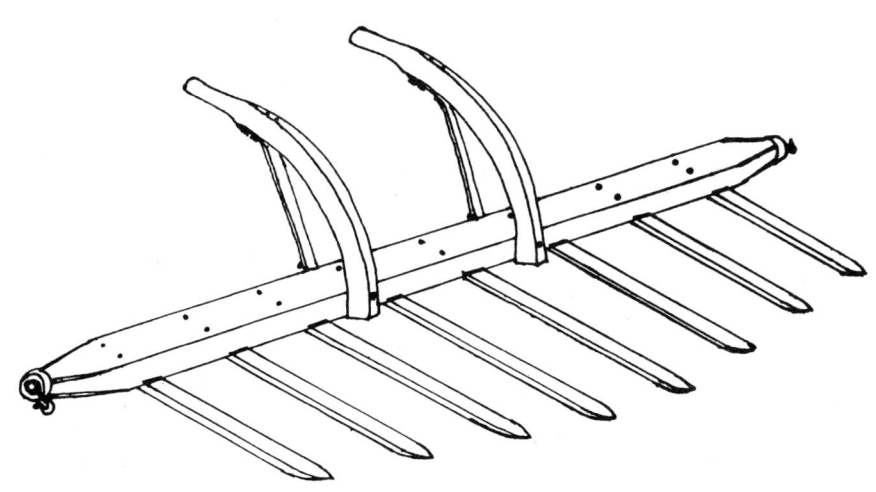

Swip

cynhaeaf ŷd: malu'r celfi gyda'r un gwylltineb neu brysurdeb. Powl wedi torri, rhywun wedi taflu'r drol a malu'r llorpiau, ambell olwyn wedi gwrthod dal ati hyd ddiwedd y cynhaeaf, styllen blaen llawr yr injan wedi malu neu'r ffon a fyddai'n gysylltiol â hi. Gosodid sêt arall yn nes at lawr y gyllell at dorri ŷd. Ar hon byddai'r sawl oedd yn defnyddio'r gribin dipio'n eistedd. Roedd rhywbeth a elwid yn gar ŷd yn llusgo tu ôl i'r llawr lle roedd y gyllell, wedi ei wneud o rimynnau main o goed rhyw ddwy fodfedd o led a hanner modfedd o drwch a thua dwy droedfedd o hyd, a rheiny wedi eu sgriwio i bren cryfach ar draws wrth y llafn. Gosodid tolyn ym mhob pen i'r trawst hwnnw yn ffitio i dyllau ym mhennau'r llawr fel y byddai'r car yn codi ac yn gostwng, yn ôl yr angen, gerfydd lifar troed wedi ei folltio arno at y pwrpas. Y gribin dipio oedd yn rheoli maint yr afr o ŷd oedd yn hel ar y car ŷd. Byddai chwech neu saith o ddannedd ynddi a choes ar osgo o'r pen a phren a thyllau ynddo o'r pen ar draws y goes, fel y gellid rhoi mwy neu lai o osgo ynddi yn ôl yr angen.

Fel y byddai'r ciartar yn gollwng yr ŷd yn sypiau o'r car deuai dyn neu ddynes i'w gwneud yn ysgubau. Gafra oedd yr enw am y gorchwyl hwnnw. Pan fyddai'r ŷd wedi ei dorri â phladur byddai raid i'r sawl oedd yn gafra ei hel yn swp a'i rwymo, ond byddai'r car ŷd a'r gribin dipio yn dileu yr angen am hynny, ac roedd hynny yn gymorth mawr pan fyddai'r cnwd yn cynnwys llawer o ysgall. Wedi codi'r swp o ŷd cymerid chwech neu wyth gwelltyn ohono a'i ddefnyddio fel rheffyn i'w chlymu'n afr. Roedd ffordd neilltuol i'w chlymu a ffordd neilltuol i'w gollwng ar y ddaear. Rhaid oedd i'r tywysennau yn y rheffyn fod ar i fyny o'r cwlwm a rhaid oedd i'r cwlwm fod at y llawr pan ddisgynnai'r afr ar y ddaear.

Roedd yna roden o haearn crwn rhyw hanner modfedd go dda o drwch yn codi ar osgo o flaen y styllen i rwystro'r ŷd rhag mynd drosodd — hwn oedd y ceiliog. Clywem sôn weithiau fod llawer o geiliogod mewn rhyw gae pan fyddai pladurwr neu'r gŵr oedd efo'r injan wedi gadael rhimynnau yma ac acw yn y gwaneifiau heb eu torri, a rheiny ym moelni'r cae yn dangos yn amlwg a'u pennau i fyny. Ceiliogod eraill oedd rheiny ac nid y ffon haearn ar y styllen ar flaen y llawr.

Deuai rhywun i ddilyn y gafrwr eto i godi'r sgubau ar eu traed yn styciau, a'u rhwymo efo'i gilydd yn rhesi unionsyth bob yn dair neu bedair ysgub; dibynnai hynny ar pa mor drwm oedd y cnwd. Ar lawr gwlad codent bob yn chwech neu wyth hyd yn oed, ond yn deiriau ar y tir uchel a chryn fwlch rhyngddynt hefyd yn aml. Pan fyddai tywydd drwg rhaid fyddai bychu. Gadewid hwy felly am dipyn o amser. Cynhaeafent beth yn y bwch cyn cael eu cario i wneud tas yn y gadlas neu i'r cowlas yn yr helm. Hyd yn oed os na fyddent yn eu bwch byddai'r styciau'n cael eu gadael ar eu traed ar y cae am tua phythefnos cyn eu cario adref. Byddai ceirch yn barod i'w dorri pan fyddai lliw sguthan arno, medden nhw, wedyn yn ei sgubau byddai'n melynu ac yn gwynnu.

Gwaith cyffredin oedd gwneud

ysgolion adeg diwedd y cynhaeaf ŷd. Gwnaem hwynt yn wahanol hydau a chodi amdanynt am swllt y ffon. Rhai pymtheg i ddeunaw ffon yn y siediau gwair a rhai byrrach o ychydig i dasu. Raelsen lân o lartsen gweddol ddi-gainc wedi ei llifio drwy'i hanner oedd yr ochrau a hen edyn olwynion troliau wedi eu hollti a'u naddu a'u plaenio oedd y ffyn, yn meinio at y pennau o'r canol a fyddai tua modfedd a hanner. Byddai'r ffon gyntaf tua deunaw modfedd o hyd a'r ffon yn y pen uchaf ddwy fodfedd yn fyrrach — dibynnai i raddau ar hyd y raelsen. Rhoddid gwifren o dan y ffyn bob rhyw bedair ffon, a honno drwy'r ochrau a'i phlygu a'i staplu ar yr ochr allan. Byddai ochr gron y pren at i mewn yn ysgolion ffermydd yn enwedig y rhai ar gyfer töwr y teisi gan y byddai ymyl fain y raelsen yn front i bwyso arni wrth gyrraedd am raffau'r das ac ati. Yn arferol i adeiladwyr byddai'r ochr gron i'r raelsen at allan, er ei fod yntau hefyd yn pwyso ar yr ymyl yn aml. Ni wn i pam y gwahaniaeth.

Deuai'r cynhaeaf tatws yn fuan wedyn a byddai galw am focsus tatws. Gwnaem ddegau ohonynt ambell dymor. Gadawai'r fforchwyr y tatws ar eu holau ar wyneb y tir i sychu ychydig cyn eu hel i'r bocsus i'w cario i'r cwitsh neu i'r drol yn ôl fel y byddai'r drefn yn y fferm honno. Tua dwy droedfedd go dda oedd hyd y bocs wrth hanner llath o led, ac yn naw neu ddeng modfedd o ddyfn. Styllen wyth modfedd wedi ei hoelio i'r talcenni oedd y gwaelod, a styllen ar oleddf o bobtu i honno i fyny, ac un o bobtu i'r rheiny yn syth i fyny a rheiny hefyd wedi eu hoelio i'r talcenni. Hoeliem slifren o fetel tenau am y byrddau yn y ddau dalcen i gryfhau dipyn arnynt gan mai byrddau gweddol denau oeddynt. Torrem dwll hir, pedair wrth fodfedd a hanner, yn y ddau dalcen i'r sawl a fyddai'n ei gario fedru gafael ynddo. Modfedd fechan oedd trwch y talcenni.

Roedd y cwitsh yn rhai llathenni o hyd weithiau a mwy nag un ohonynt yn ambell gae. Pentyrrid y tatws ynddo ar oleddf o bobtu. Taenid gwellt neu redyn yn drwch drostynt a phridd trwchus ar ben hwnnw wedi ei waldio'n fflat ar ffurf trybedd ac yn dynn a chaled fel nad elai'r dŵr i mewn iddo.

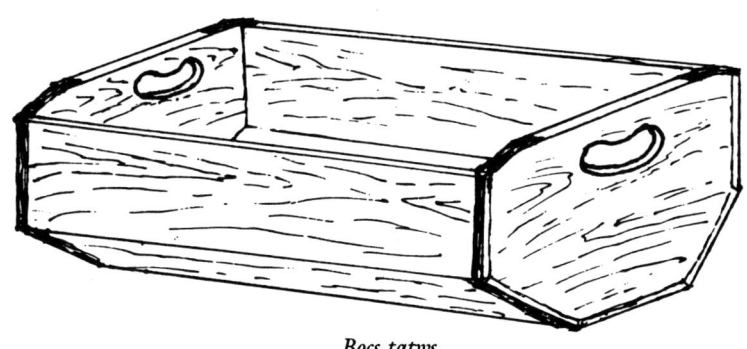

Bocs tatws

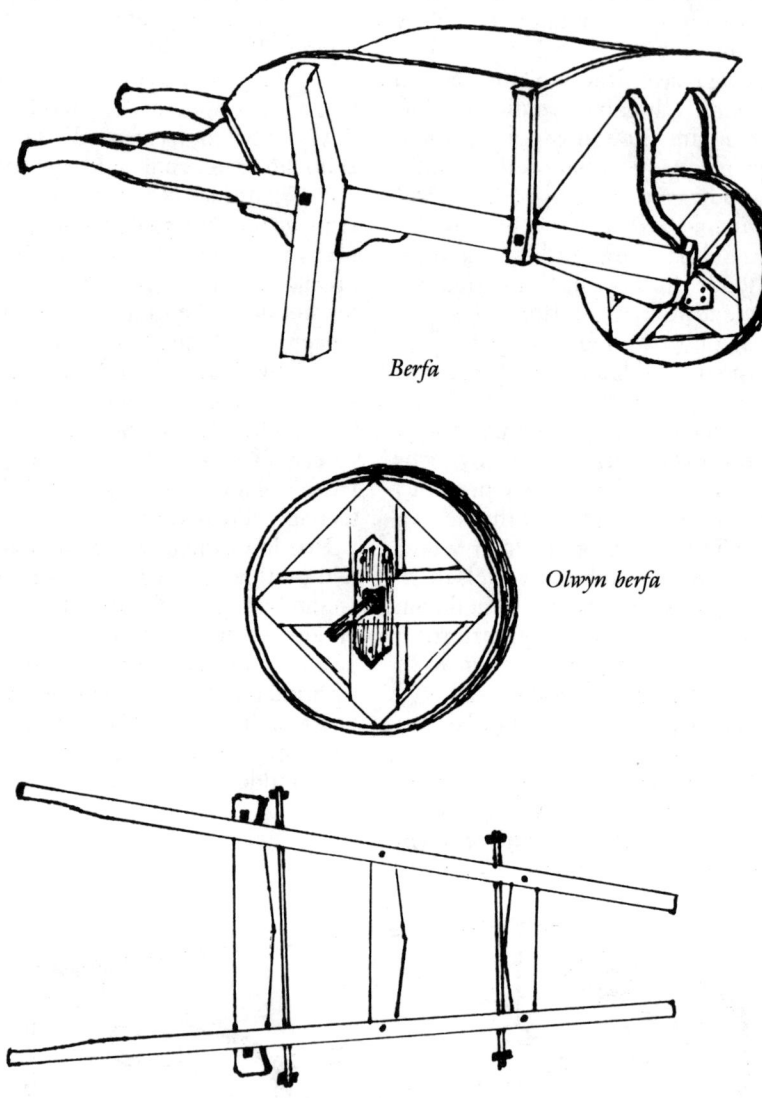

Berfa

Olwyn berfa

Ffram berfa

Adeiladau

Os gallech wneud berfa, gallech wneud rhywbeth, meddai'r gair ond mae'n amheus iawn gen i a oedd gwirionedd yn y gosodiad.

Tua'r adeg yma ar ddiwedd y cynhaeaf y byddai galw am ferfâu, neu ferfei fel y'i gelwid yn yr ardal hon, er i ni fod wedi gwneud amryw, efallai yn ystod dyddiau'r heth ar ddechrau blwyddyn. Dau lorp neu ddwy fraich o dderw wedi eu morteisio i gymryd tri o glefyddau o dderw ar draws; y blociau blaen ac ôl, a'r coesau o ynn neu lartsus a'r byrddau o lartsus, castanwydd, neu hyd yn oed sbriws ambell dro. Punt oedd ei phris heb yr olwyn, a chostiai honno goron yn ychwanegol, a derw oedd honno hefyd. Hen gylch a hen echel a ddefnyddid y rhan amlaf. Codai'r pris os byddai rheiny'n newydd. Cymerai ddiwrnod i wneud berfa ac ni fyddai'r fywoliaeth yn un fras iawn erbyn i chi dalu am y coed a'r hoelion a'r paent. Caech ddiwrnod hefyd i wneud pedair olwyn berfa am goron yr un a'r gof yn eu cylchu.

Roedd yna ddigon o waith trwsio adeiladau wedyn, yn ddrysau a ffenestri a choed toeau. Weithiau byddai eisiau ail-goedio yr adeilad i gyd, yn gyplau a thrawstiau, walbledi, tulathau a sbaras a chrib. Y cyplau oedd y ddau bren cryf o bobtu yn cyfarfod â'i gilydd ar y brig. Gosodem drawst o fôn y naill i'r llall, gyda byllt i'w ddal wrth y cyplau neu byddai wedi ei forteisio ambell dro i gymryd telymau bonion y cyplau. Gelwid y trawst ambell dro'n swmer. Os mai wedi ei folltio y byddai'r trawst rhaid oedd rhoi sodlau yn y waliau i dderbyn bonion y cyplau. Gosodid walbled ar hyd y waliau o bobtu. Gosodem y tulathau wedyn o'r naill gwpwl i'r llall ac i'r waliau talcen, ac yna gosod y grib ar hyd y top o'r naill bigyn maen i'r llall. Ar y tulathau y gorweddai'r sbaras neu'r asennau ac ar rheiny yr hoelid yr ais neu'r batins i ddal y llechi. Ar ôl y toi deuai'r plastrwr i roi taeriad o forter rhwng pob eisen neu faten i gadw'r gwynt allan ac i gadw'r llechi rhag ysgwyd. Cymysgai flew neu rawn pwrpasol efo'r cymrwd o galch a gro mân a dŵr i wneud morter y taeriad.

Gelwid y fantell dderw uwchben y lle tân hefyd yn swmer weithiau. Byddent yn goed trymion, yn aml tua dwy droedfedd ar eu traws a throedfedd dda o drwch wedi eu naddu o goeden oedd â thro naturiol ynddi, a'u gosod fel y byddai mwy o olau o dan y canol. Anaml iawn y byddai eisiau adnewyddu rheiny ac roeddent yn dal yn galed fel haearn Sbaen er eu bod wedi eu gosod gryn ddau a thri chant o flynyddoedd ynghynt.

Un o'r dyfeisiadau mwyaf amrywiol ei ddibenion mewn tŷ oedd y palis. Byddai'n mynd yn "palish" ar lafar yn aml. Palis heb yr 'h' oedd o i'r hen bobl, fel yr oedd "y dyn ffis' a ddeuai o gyffiniau Corwen i werthu pysgod. Math o gysgod oedd y palis yn ymestyn i mewn i'r stafell o'r drws allan. Fe'i gwneid o fyrddau ar eu pennau o'r llawr i ddist y llofft. Ar wahân i fod yn gysgod pan fyddai'r drws yn agored — fel y byddai'r rhan amlaf — byddai hefyd yn rhyw fath o rwystr, rhag i bawb a gerddai drwy'r llan weld beth oedd yn mynd ymlaen yn y gegin.

Gosodid styllen ar draws y palis ar yr ochr i mewn i weithredu fel mainc a dwy neu dair o silffoedd tua phedair modfedd o led ar y rhan uchaf uwchben y fainc i ddal platiau wedi eu gosod ar eu cyllith. Byddai mwy o le rhwng y ddwy silff uchaf i ddal platiau mwy o faint. Ambell dro byddai bachau wedi eu gosod ar ymylau'r silffoedd i hongian cwpanau arnynt. Ar yr ochr allan i'r palis fe roddid bachau i ddal het neu gap neu gôt. Roedd hoelen yn aml wedi ei gyrru i'r planc oedd ar y talcen agosaf i mewn ac ar honno yr hongiai goriad y tŷ neu bwt o ddrych. Prin y gwnaiff neb ddyfeisio unrhyw beth heddiw yn ateb cymaint o ddibenion, a rheiny'n gweithio bob un ohonynt. Yr unig ddinistr a allai ddigwydd ambell dro, oedd pan godai rhyw 'nerwth go dal yn sydyn oddi ar y fainc a tharo'i ben yn y silff isaf, gyda chanlyniadau difrifol, heblaw am yr iaith liwgar.

Paent a roddid ar y byrddau ar yr ochr agosaf i'r drws, y rhan isaf efo lliw a elwid yn frown siocled a'r hanner uchaf efo lliw goleuach. Gelwid hwnnw yn "light oak" — nid bod rhyw lawer o debygrwydd rhyngddo a derw golau. Roedd gwahaniaethau yn lliwiau'r paent mewn rhai tai, dibynnai ar faint mor wybodus fydol oedd y teulu. Paent a fyddai ar hanner isaf yr ochr i mewn i'r byrddau hefyd, a'r cefn rhwng y silffoedd wedi ei bapuro i ganlyn waliau'r tŷ. Byddai'r papur wedi cracio yn nherfynau'r styllod fel y symudai'r coed mewn gwres neu leithder bob yn ail. Ymhen amser, aeth y "light oak" a'r siocled o'r ffasiwn a graenio oedd popeth, i wneud i'r coed ymdebygu i dderw

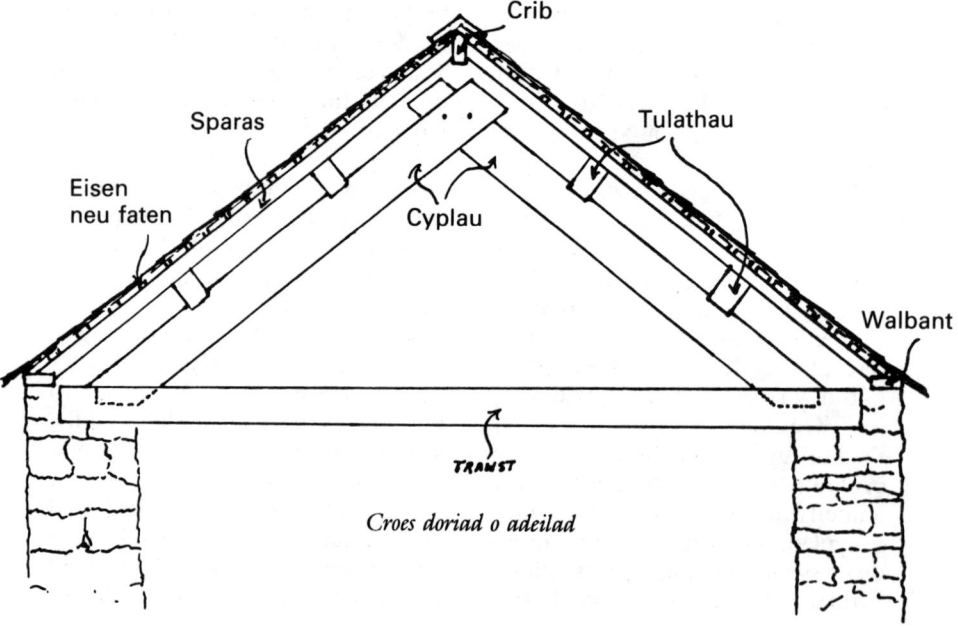

Croes doriad o adeilad

naturiol. Wedyn yr aeth pobl yn gallach, neu'n feddalach, a rhoi drws ar yr agoriad rhwng pen y palis a'r wal i greu math o gyntedd bychan i ddiddosi a gwneud y gegin ychydig yn fwy clyd.

Yn aml iawn roedd galw am stolion godro gyda sêt onnen a choesau derw. Teircoes oedd y stôl ran amlaf gan mai anwastad oedd y lloriau, er bod llawer o'r beudai wedi eu troi a chael lloriau concrid. Roedd bing o flaen y gwartheg a chlytiau o gerrig gleision glân yn gefngorydd rhwng y gwartheg a'r bing. Byddai'r llaesod lle safent yn goncrid, fel y llawr carthu a'r llwybr cerdded llydan o'r tu ôl iddynt. Yn yr hen feudai byddai dwy res o wartheg godro a rheiny dîn wrth dîn. Prin oedd y lle i gerdded rhyngddynt drwy'r tail ar wahân i'r ffaith y gallech gael trochfa gan nad oedd pob buwch o natur garedig. Cafodd aml gowmon gic nes y byddai o a'i fwced godro a'i laeth yn llanast yn y tail.

Wrth bolion ar eu pennau wedi eu morteisio i ymyl y mansiar a'u sicrhau wrth ddistiau'r daflod y crogid cadwynau yr aerwyon i rwymo'r gwartheg. Buddel oedd yr enw ar y polyn. Roedd modrwy ym mhen yr aerwy yn mynd am y polyn ac yn llithro i fyny ac i lawr fel y byddai'r anifail yn symud. Rhaid oedd adnewyddu'r hen bolion weithiau a phren wyneb y mansiar neu'r preseb fel y'i gelwid gan rai. O flaen y gwartheg hesbion a'r ceffylau a'r llouau roedd yna fansieri wedi eu gosod ar bileri o gerrig, gyda rhesel uwchben i ddal y gwair ar gyfer yr anifail. Rhaid oedd gwneud pethau felly hefyd o goed, a phinwydd neu ffawydd coch a ddefnyddiem y rhan amlaf at y gwaith.

Cyn pen dim byddai gwaith atgyweirio injan ddyrnu neu ddwy. Adnewyddu'r "hangars", y coed main gwydn o amrywiol hydau a fyddai'n ysgwyd y gograu, gwneud fframiau i'r gograu, ciciwr ambell waith, a fyddai'n cicio'r gwellt allan yn y blaen o berfeddion y peiriant a thrwsio'r byrddau ar y top, ac ail-osod y lemffust ar ôl iddynt gael eu trin gan y gof. Y lemffust oedd yn curo'r grawn oddi ar y gwellt. Nid anaml y byddai'r olwynion eisiau sylw hefyd. Bothau o haearn bwrw oedd iddynt a thueddai'r edyn i dorri ynghynt yn rheiny na mewn bothau pren.

Deuai'n amser trwsio'r felin, rhoi codau newydd yn yr olwyn ddŵr, ambell fraich yn yr olwyn weithiau ac ambell dro rhoi palet newydd — y pren cryf oedd tua hanner llath o drawsfesur a weithredai fel echel i gynnal yr olwyn ddŵr a'r cocos gyrru oddi mewn i'r felin. Torrai ambell ddant yng nghocosau'r meini a rhaid oedd eu hadnewyddu. Dannedd gosod oeddynt a'r canol neu'r foth o haearn a morteisiau ynddo i dderbyn y dannedd. Coed caled fel ffawydd neu gelyn a ddefnyddiem at y gwaith.

Arfau'r Saer

Roedd yr arfau a ddefnyddiwn yn amrywiol iawn. Yr un rhai a ddefnyddiwn innau ag a ddefnyddiai fy nhad a nhaid o'i flaen. Roedd eu henwau wedi eu stampio ar amryw ohonynt.

Llif
Llifiau llaw o wahanol fathau, rhai â dannedd bras i lifio ar hyd y pren, tua pum dant i'r fodfedd, a rhai â dannedd yn amlach at groesdorri a rhai manach fyth at rhyw waith mwy manwl. Lli delwm a rhimyn o bres ar hyd cefn y llafn, at dorri telymau — y tafod o bren a fyddai'n ffitio i fortais mewn pren arall oedd y telwm.

Bwyell
Bwyelli amrywiol eu pwysau, o bwys a hanner hyd at seithbwys. 'Wyalld' ar lafar. Tua thriphwys oedd yr un a ddefnyddid amlaf i naddu'n gyffredin ar flocyn. Byddai naddu ar y fainc yn bechod go fawr. Bod yn frwnt wrth y wraig a elwid y pechod hwnnw. Pan fyddai mwy o waith naddu nag arfer, byddai angen bwyell bedwar neu bum pwys. Bwyell tua chwe phwys i yrru edyn — ni fyddai llawer o fin ar hon gan mai dim ond ei gwegil a ddefnyddid. Byddai bwyell daflu coed yn saith bwys a gelwid hon yn gymanen neu'n gymynen.

Nedde
Erfyn arall at naddu oedd y neddyf neu'r nedde, a ddefnyddid yn fwyaf arbennig at naddu camogau ac yn achlysurol i naddu trawstiau, tulathau a swmerydd. Roedd y llafn yn finiog, wedi ei ffurfio ar dipyn o dro a ffurf pen morthwyl yn wrthgefn i'r min. Gallai naddwr da naddu pren fel na welech ôl y min ar y pren, dim ond rhyw awgrym o donnau bach taclus ar ei hyd. nid oedd angen plaen ar ei ôl; roedd y tonnau bach yn addurn ynddynt eu hunain. Edrychwch ar hen fantell neu drawst derw mewn hen dai neu ar ddistiau neu dulathau ac fe welwch pa mor grefftus oedd yr hen naddwyr. Mae olion rhai yn ceisio eu dynwared yn yr oes hon.

Plaen
Byddai gennym amryw fathau o blaeniau. Rhai bychain, byrion at rhyw waith cywrain i gael gorffeniad glân ar bren. Rhai gweddol tua phymtheg modfedd o hyd at waith cyffredinol. Ar amryw ohonynt roedd patrymau bach wedi ffurfio ar eu hochrau lle bu bodiau a bysedd cenedlaethau yn gafael yn yr un lle. Byddai gan bob saer blaen hir i unioni ymylon coed pan fyddai eisiau eu ffitio yn dynn yn ei gilydd heb ronyn o olau rhyngddynt, ac yn enwedig pan fyddai eisiau eu gliwio yn ei gilydd. Roedd gennym rai plaeniau bychain a llafnau o wahanol ffurfiau ynddynt i wneud gwahanol fathau o addurniadau ar ymylon a chonglau coed, fel fframiau drysau a ffenestri a thoriadau safonol eraill. Roedd gennym blaeniau haearn hefyd wrth gwrs a oedd yn llawn gwell, mae'n rhaid cyfaddef, na'r hen rai pren.

Cŷn
Cadwem bob math o faintioli o gynion coed, o wythfed o led hyd at dair modfedd, ac ambell un ar hanner tro a elwid yn gowjan.

Roedd dau fath o'r rheiny ar wahân i'r gwahanol fesurau, un math i'w hogi ar yr ochr fewnol a'r llall i'w hogi ar yr ochr allanol. Cŷn cantio hefyd â'i fin ar ffurf cornel, ychydig yn llai na sgwâr. Mae gan y Saeson gŷn tebyg a alwant yn "bruzz".

Ebill
Nid oeddem yn brin o ebillion chwaith, o hanner modfedd ar eu traws i ddwy fodfedd. Tebyg o ran eu ffurf oedd rhain i gyd gyda charn ar draws trwy dwll yn y top. Roedd yna ffurf hŷn gennym hefyd a elwid yn ebill gewin; gelwir hi weithiau yn deryd neu terydr. Nid oedd na sgriw na chyrlen ar gyfyl y rhain, dim ond math o ewin ar y blaen a'r gweddill helaeth o'r goes ar ffurf cafn hanner crwn. Roedd carn ar draws ei phen yr un fath â'r lleill. Torrai'n lanach am wn i na'r mathau mwyaf diweddar, ond byddai rhaid gwneud lle iddi gychwyn efo cŷn hanner crwn. Yr unig amser y byddai'n cael ei ddefnyddio oedd i lanhau'r tyllau oeddem wedi eu gwneud drwy ochrau troliau efo'r ebill hanner modfedd cyffredin.

O edrych a sylwi ar dyllau mewn trawstiau a thulathau hen adeiladau fe welir mai'r ebill gewin yma a ddefnyddiai'r hen grefftwyr gan nad oes ôl twll y sgriw fain sydd ar flaen ebillion cyffredin i'w gweld ym mhen draw'r tyllau. Rhaid oedd pwyso arni a'i throi yr un pryd i'w chael i dyllu gan nad oedd yna sgriw ar ei blaen i'w thynnu i mewn i'r pren. Math arall oedd y "reimar". Roedd hon yn meinhau yn raddol at ei blaen ar ffurf fel cafn hanner crwn, gyda min ar yr ochr oedd yn torri'r pren. Rhaid oedd tyllu ag ebill gyffredin o'i blaen. I siapio tyllau ochr ysgolion y defnyddiem hi amlaf.

Cyllell naddu
Llafn tua throedfedd go dda o hyd â dwrn ymhob pen i fras naddu edyn neu rywbeth, ac i wneud siamfferydd oedd cyllell naddu.

Rhasgal
Defnyddid rhasgal i lyfnhau ar ei hôl ac roedd rhai o wahanol faintioli. Byddai rhai o bren caled fel pren bocs â llafn miniog rhwng y carnau ac eraill o fetal yn haearn bwrw neu bres.

Carn tro, bitiau, gefail bedoli a thyrnsgriw
Carn tro i dyllu. Gwahanol faintioli o fitiau o chwarter modfedd i fodfedd a chwarter. Gefail bedoli a thyrnsgriw.

Befel a Sgwariau
Befel a sgwariau o bob maint. Llafnau o fetel wedi eu cysylltu wrth goes o bren eboni a darnau o bres ar ymylon y pren rhag iddo wisgo.

Cythraul
Cythraul at dynnu hoelion. Haearn

Cythraul

oedd hwn wedi ei blygu yn un pen fel ffon fagl ac wedi ei hollti yn ei flaen i fachu am ben hoelen i'w thynnu o bren wrth godi ar y goes. Roedd cythraul mewn pandy hefyd yn troi ar werthyd a phegiau dur yn rhesi ynddo i gael trefn ar y gwlân.

Rhisglwr
Erfyn â charn pren iddo oedd rhisglwr, tua hanner llath o hyd wedi ei wneud o haearn a blaen pŵl ar hanner tro iddo. Tynnu croen oddi ar goed wedi eu taflu oedd ei bwrpas, yn enwedig coed derw. Gwerthid y croen hwnnw i'r tanerdy at drin crwyn. Wrth daflu coedwig gyfan y byddai hynny'n debyg o ddigwydd. Ni welais i erioed wneud hynny ond bûm yn rhisglo digon o bolion siediau gwair efo fo.

Gwasg
Byddai gennym nifer o grampiau neu weisg o wahanol faint, i wasgu coed neu fframiau at ei gilydd.

Piniar
Pwt o drosol oedd piniar, o gwmpas dwy droedfedd o hyd ac yn weddol fain i'w ddefnyddio i symud cerrig wrth walio neu goed i'w lle mewn adeiladau.

Gwif
Trosol o rhyw fath oedd gwif hefyd, ond ei fod yn naw neu ddeg troedfedd o hyd a thua dwy fodfedd a hanner sgwâr o drwch yn y blaen, wedi ei flaenu ar hanner tro un ochr ac yn meinhau i rhyw fodfedd go dda ac yn grwn yn y pen arall. Byddai gwif ar gael mewn amryw o'r ffermydd, a'i bwrpas oedd codi cerrig wrth arloesi tir. Awn i fenthyca un ambell dro pan fyddai eisiau symud rhyw anferth o bwysau.

Pencniff
Byddai gan bob saer bencniff, neu gyllell boced. Daeth y gair o'r Saesneg 'pen-knife'. Roedd yn hwylus i naddu dannedd cribin a llawer o bethau eraill. Roedd gennych gyllell go dda os byddai enw Joseph Rodgers wedi ei stampio ar y llafn — hwnnw a gyfrifid y pencampwr ar eu gwneud.

Tagwr
Y tagwr oedd yr erfyn i wasgu edyn at ei gilydd wrth osod camogau. Roedd coes rhyw bedair troedfedd bron o hyd iddo a mortais o fewn rhyw droedfedd i'w flaen. Trwy'r fortais honno roedd haearn tua hanner llath o hyd a bachyn ar ei flaen a thyllau ar ei hyd i gymryd pin sgriw fel y gellid ei fyrhau neu'i ymestyn yn ôl fel y byddai'r pellter rhwng pennau'r edyn. Bachai'r haearn yn un aden â blaen y goes yn yr aden nesaf i'w gwasgu at ei gilydd. Pwrpas arall iddo oedd ei fachu i droi pren yn y goedwig neu i roi mymryn o dro i bolyn helm ar ôl ei godi fel y byddai'r naddiad yn gorwedd ar y walbant a'r trawst.

Tramel
Roedd rhai arfau a ddefnyddid yn arbennig at wneud olwynion, fel tramel. Math o gwmpawd pren, yn llathen o hyd a phren croes tuag wyth modfedd o hyd yn sefydlog yn un pen iddo oedd hwn. Gosodid ffurel am ddeupen y pren croes a gyrru pigyn haearn main fel hoelen i'r ddau ben i weithredu fel colyn.

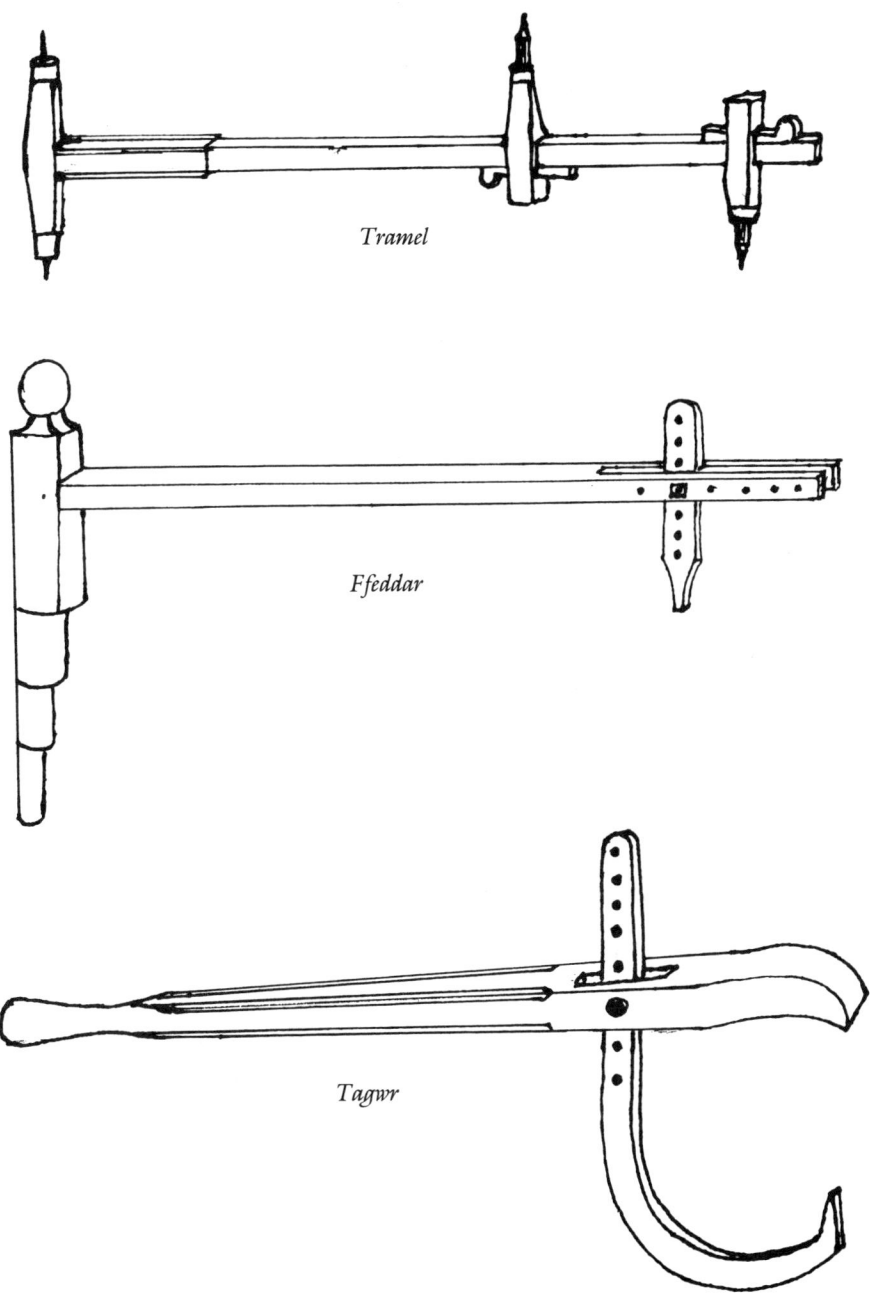

Roedd yna ddau ddarn o bren wedi eu morteisio i lithro ar hyd coes y tramel yn ôl fel byddai maint yr olwyn — roedd yna ffurel ar bennau'r rhain hefyd a thyllau wedi eu torri i'w talcenni i gymryd pensiliau i farcio'r camogau neu'r edyn. Roeddynt yn wrthgyferbyniol i'w gilydd fel y gellid marcio'r ochr i mewn i dro'r gamog efo un o'r pytiau pensiliau a throi'r tramel i farcio'r ochr allan efo'r bensil arall.

Ffeddar

Teclyn arall oedd y ffeddar. Gellid disgwyl ei alw'n 'bluen' ond ni chlywais ei alw erioed yn ddim arall ond "ffeddar". Pwrpas hwn oedd cael yr edyn i gyd ar yr un oleddf o'r foth. Pwt o bren oedd y goes i'w roi yn y fowsen ac ysgwydd wedi ei thorri ynddo i gerdded ar hyd ymyl y fowsen. Ymestynai cynffon y goes i mewn i'r fowsen a'r gynffon honno a'i cadwai ar yr un osgo o gylch yr olwyn. Roedd pren arall wedi ei forteisio i'r goes yn berffaith gadarn a hwnnw'n ymestyn ar draws hanner yr olwyn i flaenau'r edyn. Yn ei flaen roedd llifiad i dderbyn pwt o bren main a fyddai'n llithro i fyny neu i lawr yn ôl yr angen, a hwn mewn gwirionedd oedd y ffeddar. Ar ôl gosod hwnnw ar yr uchder priodol roedd i fod i brin daro ym mhob aden wrth i'r goes gael ei throi yn y fowsen pan fyddai ysgwydd y goes yn dynn ar ymyl blaen y fowsen a'r gynffon yn dynn ar ochr i mewn iddi. Yn y dull hwnnw y ceid yr edyn i gyd i fod ar yr un oleddf o'r foth.

Coes, Troed

Rhyfedd o beth yw'r defnydd a wneir o'r gair coes a throed am yr un peth. Troed rhaw neu goes fforch, troed pladur neu goes caib. Nid oedd dal am beth y gofynnai pobl ond roeddwn i'n amau weithiau fod y to hynaf yn gofyn am droed fforch a throed caib y rhan amlaf. Tybed a oedd effeithiau'r oes Fictoraidd yn parhau yn yr is-ymwybod pan oedd rhywbeth yn aflednais mewn sôn am goes bwrdd hyd yn oed? Prysuraf i ddweud mai gofyn yr ydw i!

Lefel, Styllen blwm, Cwmpawd, Caliper

Cadwem lefel a styllen blwm at waith adeiladu. Cwmpawdau haearn a chaliper i ffurfio cylch ac i fesur trwch neu led twll.

Drifft

Drifftiau i yrru ar ôl pinnau sgriws i'w cael allan o hen ochrau troliau neu rhywbeth tebyg. Nid oedd y drifft ond darn o haearn caled crwn ychydig llai na hanner modfedd o drwch a thua hanner llath o hyd. Roedd y rhan y byddech yn gafael ynddo yn fwy trwchus, tua modfedd crwn mae'n siŵr, ac fe'i curid â morthwyl i yrru'r pin sgriw allan o'r pren heb amharu yn ormodol ar y sgriw oedd ar ei flaen. Byddai rhai ychydig llai na thri wyth ar gael hefyd.

Siswrn a Thrychwr

Byddai gennym siswrn sinc at dorri sinc a thrychwr i roi trwch ar lifiau llaw.

Myniawyd, Wimbled, Carreg hogi, Goriad, Morthwyl, Gordd

Myniawyd neu ddau a wimbled a cherrig hogi bras a mân. Pob math a maint o oriadau neu sbanars fel y'u gelwid hwy amlaf a morthwylion a gyrdd o bob maintioli at wahanol ddibenion.

Peiriannau

Yr unig bethau i'n harbed ar lun peiriannau oedd peiriant olew 5h.p. o wneuthuriad Crossley a fyddai'n troi'r lli gron. Prynwyd hi'n newydd am ddeugain punt, oedd yn ffortiwn go lew yn 1924. Bu'n pwffian mynd am bum mlynedd ar hugain a mwy. Roedd gennym "band saw" hefyd i'w throi â llaw i lifio camogau ar hanner tro a breichiau troliau. Roedd angen ysgyfaint iach iawn i'w throi am awr. Byddai ambell un yn bur dalog yn cychwyn ei throi ond byddai'n hen bryd ganddo gael hoe cyn pen dim amser. Y dyn meinaf yn yr ardal oedd yr unig un allai ei throi drwy'r dydd heb golli ei wynt na theimlo straen yn ei freichiau — ei unig fai oedd y byddai pob llorp a chamog ac unrhyw beth arall o fewn llathen neu ddwy iddo, yn frown o boer baco. Wyth gini a gostiodd y 'banso' yn 1912, a ffrâm odani wedi ei gwneud gartre, neu os byddech wedi archebu ffrâm barod efo hi byddai'r gost wedi mynd i fyny i ddeg gini.

Roedd gennym durn hefyd, o ryw fath, a honno'n hen ddihenydd ond fe wnai'r gwaith, hynny o waith turnio ag a fyddai. Y Crossley oedd yn troi honno hefyd, trwy rhyw gymhlethododau o werthydoedd a strapiau ac olwynion. Yr hen injan oedd yn troi y maen llifo yn ogystal.

Termau ac Ymadroddion

Bollt
Ar ddrws isa'r beudy weithiau, yn lle clicied bren arferol, rhoddid bollt o bren i lithro i mewn ac allan i'r derbyniad ar y ffrâm. Fe'i defnyddid amlaf os byddai drws yn plygu'n y canol i agor am gefn y wal oddi mewn. Byddai'n well na chlicied i atal y drws rhag bolio allan yn ei ganol.

Bras lifio
Efo lli gron, gan wybod y byddai angen llifio'r coed yn llai wedyn at eu pwrpas terfynol. Sychent beth ynghynt ar ôl eu bras lifio nag wrth eu gadael yn grynion, hyd yn oed petai pren ddim ond yn cael llifiad trwy'i ganol — byddai hynny'n gymorth i atal gwynt hollti a ddigwyddai'n ddi-ffael wrth eu sychu'n grwn.

Brath
Croes dorri pren crwn i'w hyd yn y goedwig, neu'r llifiadau ar draws byrddau ochr yr arch ar gyfer eu plygu yn yr ysgwyddau.

Carwden
Hon oedd y gadwyn dros y strodur ar gefn y ceffyl i'w bachu wrth lorpiau'r drol. Wrth osod stapal y tyniadau ar freichiau'r drol rhaid oedd gofalu fod bach y garwden yn wynebu'r ffordd iawn. Byddai'r bach oedd ar y fraich bellaf oddi wrth y ciartar â'i blaen at y trwmbel ac i'r gwrthwyneb ar y fraich agosaf at y ciartar. Dywedent ei bod yn haws iddo fachu'r garwden felly, ond byddai rhai â'u blaenau at allan ar y ddwy stapal p'run bynnag.

Cethel
Erfyn rhyw wyth modfedd o hyd ac un pen iddo ar ffurf morthwyl bychan â phig arno i'w wthio neu ei daro drwy staplau i'w rhyddhau o'r polion. Yn y pen arall i'r erfyn, roedd twll neu dyllau o amrywiol faintioli, i gymryd pen gwifren fel y gellid ei throi a'i weindio'n daclus am wifren y clawdd, ar ôl rhoi tro am ben y polyn tynnu. Roedd yna fath arall o gethel a ddefnyddiem i wneud dannedd cribiniau neu begiau i'w gyrru drwy fortais a thelwm. Darn crwn o haearn oedd hwn wedi ei wneud gan y gof yn yr efail. Roedd twll drwy'i ganol a min ar ei ymyl ar un pen iddo. Torrwn dwll yr un maint â'i drawsfesur yn y fainc ond heb fynd trwyddi, a thorri twll llai o faint drwy weddill y fainc fel yr elai'r pegiau drwyddo i focs a fyddai wedi ei osod ar y llawr o dan y fainc.

Clensio
Plygu blaen hoelen yn ôl i'r pren, wedi iddi gael ei gyrru drwyddo.

Clem
Clwt o bren wedi ei hoelio ar wyneb byrddau eraill, â'i ymylon wedi eu naddu'n fain ar yr wyneb uchaf fel nad ymddangosai fel cornel sgwâr. Byddai crydd yn rhoi clem ar wadn esgid yn hytrach na'i gwadnu i gyd: yr ochr a fyddai o dan fôn bawd y troed a fyddai'n gwisgo gyntaf y rhan amlaf.

Mae sôn am "lety'r glem" hefyd, ac yn aml y clywech "Rydwi bron â chlemio" pan fyddai eisiau bwyd bron marw ar rhywun.

Cloig
Darn bach o bren, haearn neu bres â thwll yn ei ganol i roi sgriw ynddo ar ffrâm drws cwpwrdd neu sbens. Rhoddid chwarter tro iddo i ddal y drws ynghau.

Cluro
Rhywbeth yn rhygnu neu'n llusgo'n ddi-baid yn erbyn rhywbeth arall nes ei wisgo a gadael ei ôl arno.

Cordio
Yn y goedwig byddai mesur arbennig o hyd a lled i'r domen o goed wedi eu tyrru'n daclus ar ei gilydd. Tomen o raels fel arfer. Cord a elwir y domen, a chordio oedd y gorchwyl o'u torri a'u llusgo a'u tyrru. Wrth y cord y telid am y gwaith.

Cnwyfar
"Mae 'na rhyw gnwyfar ar hwn". Bod yn anfodlon neu aflonydd, crwydro i rywle heb fod angen neu wneud rhywbeth heb fod blewyn o angen ei wneud.

Cychwyn bonsen
Dyma wnai'r ffermwr pan ddeuai a rhyw fymryn o waith i'r gweithdy heb dalu amdano ar law, ond ei adael nes byddai rhagor o waith wedi dod ato.

Dafad ac Oen
Pan na fyddai'r saer wedi hogi'r lli llaw yn deg iawn a'r dannedd yn fach ac yn fawr bob yn ail, fe'u gelwid yn ddafad ac oen ac ambell dro yn gaseg a chyw, a chlywais alw'r cerrig clo a fyddai wedi eu gosod bob yn ail, yn uchel ac isel, ar ben wal yn geiliog ac iâr.

Gorsing
Mae'n debyg mai rhan o ffrâm drws neu ran o'r drws neu'r trothwy oedd gorsing un amser. Yn yr ardal hon gelwid clwt o dir diffaith oedd tu hwnt i fuarth y fferm ond ar lefel is yn gorsing. Yno y teflid pob math o sterniach i gael 'madael â nhw. Efallai mai'r wal a gynhaliai wyneb y buarth oedd gorsing, gan mai taflu pethau dros yr orsing a wnaent. Roedd fel rhyw fath o 'ha-ha' cyntefig, ond fod ei ddiben yn wahanol.

Gwynnin neu Gwynni
Y rhan allanol o goeden, yn wyn a meddal o dan y croen ac yn fodfedd a rhagor o drwch cyn dod at y rhuddin. Mewn derwen a lartsen a llwyfanen y byddai'n fwyaf amlwg. Po deneuaf y byddai'r gwynnin, gorau'n y byd y byddai ansawdd gweddill y pren.

Hoelion
Byddai llawer math o hoelion:
Hoelion cyts ar ffurf sgwâr â'u pennau ar un ochr.
Hoelion hirgrwn â phennau bach iddynt.
Hoelion gof wedi eu gwneud yn yr efail.
Hoelion strôcs â phennau mawr arnynt i ddal strôc ar olwyn trol.
Hoelion 'N' â'r llythyren honno wedi ei stampio ar eu pennau.
Hoelion sinc â washars wrthynt i doi siediau gwair.
Hoelion llidiardau yn ddwy fodfedd a hanner o hyd ac yn sgwâr, â'u pennau'n fwy na phennau hoelion cyffredin ac yn feddalach eu metel hefyd.
Hoelion crynion o bob hyd o

*Huw yn hogi lli yn ei weithdy gan ddefnyddio feis bren
o'i batrwm a'i wneuthuriad ei hun*

fodfedd hyd at wyth modfedd. ychydig a welais o hoelion wyth a rhywsut byddech yn teimlo y byddai pin sgriw yn llawn mwy buddiol.

Llygoden
Nid yr anifail bach blewog, ond y darn bach o blwm ar flaen llinyn a gysylltid wrth gortyn ffenestri i gynorthwyo'r saer i arwain y cortyn dros yr olwyn wrth ddod trwy ffrâm bocs y ffenestr.

Osio
Pan fyddai rhywbeth yn gwrthod symud neu ddim yn rhoi dim, ac ambell dro am rywun oedd yn gwrthod gwneud osgo i symud neu i afael ynddi. Dywedid "Dydio ddim yn osio".

Pelydrau Craidd
Y marciau a welid mewn styllod derw a fydd wedi cael eu llifio ar eu chwarter. Ran amlaf gwelid hwy mewn derw, er y maent i'w cael yn wantan, mewn ffawydd ac mewn llwyfanen hefyd. Mae rhai ohonynt yn hardd iawn a phris pren felly o'r herwydd yn uwch.

Presyn
Y ddau hanner o brés ac arnyn nhw y byddai gwerthyd yn troi.

Prisyn
Clap o bren neu garreg a osodid o dan y trosol ychydig yn nes yn ôl na'i flaen er mwyn cael masgal i symud carreg neu bren o bwysau mawr.

Pymis
Math o garreg at lyfnhau pren neu i dynnu paent oddi ar goed.

Smêc
Gelwid ambell i ddernyn yn smêc pan fyddai wedi ei orlwytho ag addurniadau. Smêc oedd ambell ddynes ac ambell ddyn hefyd oedd wedi goraddurno'i hun.

Tolyn
Peg i fachu rhywbeth wrtho. Fe'i ceir heddiw ar dîn car i fachu trelar wrtho. Ystyr arall iddo oedd y peg crwn a gysylltai ddau bren efo'i gilydd yn lle mortais a thelwm. Dyna a elwid y pegiau derw oedd yn dal y tulathau ar y cyplau mewn adeilad.

Wedjen Dywyll
Lleten dywyll meddai rhai. Torrid mortais mewn pren ond heb fynd trwyddo. Rhoddid llifiad yn groes i lawr canol y telwm a fwriedid ei roi yn y fortais a chychwyn y wejen i'r llifiad a gyrru'r telwm i'r fortais fel yr elai'r wedjen yn erbyn gwaelod y fortais. Po fwyaf y gyrrid y telwm i mewn cai ei ledu yn ei flaen gan y wedjen. Defnyddid y ddyfais yn aml i ddal bachau hongian giatiau mewn pyst cerrig.

*Huw gyda chwpwrdd cornel derw o'i waith,
Ann ei wraig a Rhodri eu mab*

Carthu'r Rhych

Bûm wrthi am tua phedair blynedd ar ddeg yn gwneud gwaith saer gwlad. Wn i ddim a wneuthum i'r gorau ohonynt, ond yn sicr, buont yn flynyddoedd cyfoethog o brofiad, na fynnwn er dim fod wedi ei golli. Blynyddoedd oedd yn gymysg o dristwch a llawenydd wrth ymwneud â'm pobl fy hun. Blynyddoedd o brysurdeb mawr ar adegau, ond prysurdeb hamddenol oedd o, ac nid y rhuthr gwyllt a chyrraedd unman, fel a welir heddiw. Mi roedd pobl yn dod i ben â hi yn llawn gwell yr adeg honno, neu dyna'r argraff mae rhywun yn ei gael.

"Fuaset ti ddim yn taro coes yn hon imi rhywdro wa?" meddai John Fron Ddu. Roedd o wedi cerdded i'r gweithdy â phen rhaw dan ei gesail ar ôl cinio, bron i ddwy filltir o daith.

"Ia! 'Does yna ddim hast wyst ti."

Eisteddai wedyn yn y gweithdy drwy'r pnawn yn sgwrsio am hyn a'r llall, tan tua phump i chwech o'r gloch y nos. Gallaswn fod wedi gosod amryw o goesau rhawiau yn ystod yr amser, ond nid dyna oedd y drefn.

Wrth ymadael, byddai'n gofyn, "Pryd y gallai ddechre cerdded yma i edrych fydd hi'n barod, wa?" fel petae hi'n gontract o gannoedd o bunnau. Gwyddwn o'r gorau na fyddai'n cyffroi dim, pe na byddai'n barod pe galwai ymhen mis. Oni fyddai'n esgus i gael rhyw bnawn o seiadu wedyn rhyw dro? P'run bynnag fel y treiglai'r blynyddoedd, roedd hi'n amlwg fod yr hen waith traddodiadol yn gorffen, er bod y cynefin yn ymestyn cyn belled â Chwm Pen Anner a Llangwm, Penmachno, Capel Curig, Nebo a Melin-y-coed ac i lawr y dyffryn cyn belled a Llanrwst a phellach weithiau — ac ar feic bach!

Ar wahân i'r celfi amaethyddol, roeddwn i wedi ymarfer peth ar adeiladau a phan ddaeth hen stad y Penrhyn dan ofal yr Ymddiriedolaeth Genedlaethol yn 1950, cefais waith sefydlog ganddynt fel saer ar y stad a chefais helaethu dipyn ar fy mhrofiad ar adeiladau ffermydd a thai a chastell neu ddau. Yr oedd digon o amrywiaeth gwaith yn y swydd hon hefyd, ac ymestynnodd y meddiannau o dipyn i beth, i gynnwys tai a thiroedd a thai bonedd cyn belled â Phen Llŷn a Môn, Erddig a Chastell y Waun, Ganllwyd a Chastell Powys yn y canolbarth ynghyd â meddiannau yng Nghonwy a Gallt Melyd ar yr arfordir ac amryw o fân leoedd eraill. Yr oedd hwn hefyd yn waith wrth fy modd.

Pleser oedd cael ymwneud â thenantiaid gwahanol ardaloedd. Hyfrydwch oedd mynd i leoedd fel Nant Ffrancon a chyrion Llyn Ogwen a chymdeithasu hefo cymeriadau fel Guto bach, Braich Tŷ Du; Wil Gwern Go' a'i frawd Gruffydd John; Emyr Blaen Nant a Wil Bodesi ac Emwnt a ddaeth i Bodesi ar ei ôl. Er teithio i ardaloedd dieithr, yr oeddwn yn dal i weithio ar yr adeiladau yn fy ardal fy hun o dro i dro, ymysg fy mhobl fy hun. Yr un priddyn oedd wedi ein cynnal, a da o beth yw bod â gwraidd pan ddelo drycin.

Gallwn draethu'n hir, mae'n debyg, am lawer cymeriad ffraeth y bûm yn ymwneud â nhw ond erys un

*Mae Huw yn dal i lunio a phaentio arwyddion
i'r Ymddiriedolaeth*

yn y cof, a'i ffraethineb a'i harabedd yn danbeitiach na'r un cymeriad arall a welais erioed. Ni welais un ychwaith, â chymaint o ymadroddion doniol a dywediadau lliwgar yn rhan o'i sgwrs. Nansi Jones, Tai'n Maes yng Nghwm Eidda oedd honno. Mae'n edifar gennyf na fuaswn wedi croniclo rhyw gymaint o'r dywediadau rheiny. Gofynnais iddi amryw droeon wneud rhestr a'u taro i lawr ar rhywbeth fel y byddent yn dod, ond na! "Pethe at iws ydyn nhw" meddai hi, ac y mae mwy o wir yn hynny nag sy'n ymddangos ar yr wyneb. Wrth restru a chadw hen bethau, rydym fel pe baem yn eu rhoi mewn amgueddfa, a Duw a ŵyr, mae antîcs wedi mynd yn bwysig ryfeddol drwy'r wlad a Lloegr, digon diddorol cofiwch, ond nid "pethau at iws" ydyn nhw bellach. Creiriau, fel y pethau a gofnodir yn y llyfryn yma, ond nad ydynt erbyn hyn yn rhan o'n byw bob dydd.

Un crefftus wrth natur oedd Wiliam, gŵr Nansi Jones, yn waliwr cerrig a cherfiwr coed. Dyn dethe a graen ar ei waith, ac yn un a ryfeddai at grefftwaith rhywun arall. Galwn yno yn achlysurol i weithio fel y byddai'r angen, ac yn amlach na hynny am y gwmnïaeth. Roeddwn i wedi bod ym Mryn Ddraenen, fferm arall i fyny'r cwm o Dai'n Maes a bwriadwn alw yno ar y ffordd yn ôl i Felin Rhydlanfair. Yr oedd Nansi Jones ar ben y drws yn chwifio'i breichiau fel y nesawn at y groesffordd.

"Chlywaist ti 'run o'r pethe'r stad yma yn sôn am ddrws y *dairy* yma decini, mae o'n rhygnu ar hyd y llawr ers dwn i ddim pryd, a rhaid i ti gario fo i'w gau a'i agor."

"Run gair," meddwn innau.

"A ble buost ti heddiw yn hel gwair i dy gŵn, mor hy a gofyn?"

Rhywbeth nad oes angen i'w wneud ydi "hel gwair i gŵn", wrth gwrs.

"Wedi bod ym Mryn Ddraenen," meddwn innau, "yn gosod *sliding door*."

"Taw dithe," meddai Nansi fel ergyd. "Tydio'n beth rhyfedd? *Sliding door* ym Mryn Ddraenen, a drws yn llusgo yn Nhai'n Maes" a phwyslais mawr ar y "sliding" a'r "llusgo".

Byddai ei chymariaethau yn loyw iawn bob amser. Mi welodd rhywun tenau iawn rhywdro, a phengliniau fel "dau gorcyn fflasg".

Roedd y ddrama yn un fyw yn aml a llawer tro yr euthum adref i dreulio'r min nos yn chwerthin, a dal i chwerthin hyd yn oed ar ôl mynd i ngwely.

Am ugain mlynedd y mwynheias fynd o le i le i atgyweirio, ailadeiladu, codi adeiladau newydd ac unrhyw waith coed a fyddai ei angen. Cawn fynd i'r goedwig weithiau i weithio dipyn, dro arall i wneud camfeydd ar lechweddau Tryfan, i Ben Llŷn i osod llidiardau, i'r felin i lifio coed, i barciau'r plastai a'r castelli i gymhennu ac i drwsio. Amrywiol ryfeddol oedd y gwaith.

Pan ymddeolodd John Williams, Plas Padog o fod yn bennaeth arnom, cefais gynnig ei ddilyn i fod yn oruchwyliwr gwaith dros ogledd Cymru, a bûm yn y gwaith hwnnw am ddeng mlynedd. Rwy'n cofio llawer achlysur digri o'r cyfnod hwnnw. Dywedir fod yr hen gymeriadau yn darfod o'r tir a neb

*Huw luniodd y gadair ar gyfer
Eisteddfod Genedlaethol Dyffryn Conwy a'r Cyffiniau 1989*

'run fath yn dod i gymryd eu lle. Byddaf yn amau'r gosodiad yn aml, efallai nad ydi'r cymeriadau newydd yn hollol yr un fath, ond maen nhw yn bod.

Daeth Ifor Jones i wneud gwaith saer yn fy lle ar y stad. "Mae eisiau i ti fynd i Dŷ Mawr Wybrnant i drwsio ffenestri a drysau," meddwn i wrth Ifor rhyw ddiwrnod gan ychwanegu'n ysgafn.

"Cofia rhaid i ti fyhafio yn fan honno, peidio rhegi ac ati — cofia mai cartre William Morgan ydi o."

"Iawn," meddai yntau.

"Mae yna dipyn o waith ac mi fuaswn i'n leicio cael ei orffen yn o fuan, mi gei di weithio dros yr amser os leici di, a dydd Sadwrn hefyd."

"Wel iawn," meddai Ifor, "ond fedra i ddim dydd Sadwrn, 'dwi wedi gaddo mynd i rhywle arall. Ydach chi'n meddwl y buase fo rhyw bwys gan y Wiliam Morgan 'ma, tawn i'n mynd yno ddydd Sul?"

O dipyn i beth cynyddai'r gwaith papur ar y stâd, a rhywsut, roeddwn i'n teimlo nad oeddwn yn cynhyrchu dim. Dim ond pentyrru papurach mewn ffeiliau yn y swyddfa. Mae'n debyg, yn yr oes sydd ohoni, fod rhai yn credu bod rhaid wrthynt. Pawb â'i farn, meddwn i.

Er mor ddiddorol y gwaith a'm hoffter o ymwneud â'r bobl; cyn fy nghladdu dan fynydd o bapur, yn ôl y deuthum i'r gweithdy yn Ysbyty Ifan, i ail ymdeimlo â'r rhin sydd mewn darn o bren, a phrofi'r mwynhad o afael mewn bwyell a lli a phlaen, a gweld rhywbeth yn tyfu dan fy nwylo ac yn fwy na dim, y pleser o edrych arno wedi ei orffen.

Roeddwn i'n drigain oed pan ddeuthum yn ôl a phriodais wraig ac mae'r mab yn saith.

Gwneud dodrefn traddodiadol o dderw yw'r prifwaith erbyn hyn, yn gymysg ag ambell ffenestr neu ddrws a chyflawnder o jobsus tri ŵy un cyw, sef y gwaith nad yw'n talu.

Dydw i ddim yn gwneud eirch bellach, ond mi gadwaf ddrws y gweithdy yn agored tra gallaf, achos mae'r pensiynwyr yn dal i alw heibio yn aml, ac eraill yn dod i seiadu yn rheolaidd.

Doedd hi ddim yn fywoliaeth fras. Byd main oedd hi ar y rhan fwyaf yn yr ardal ar wahân i'r ychydig deuluoedd cefnog. Câi ambell un drafferth i dalu am garn cryman er mai naw ceiniog oedd ei bris a swllt wedi ei osod.

Roedd yna fendithion hefyd. Magai Arglwydd y stâd ffesantod, ddigonedd. Clwydai'r rheiny ar y coed a hawdd oedd eu gweld pan ddychwelwn drwy'r gwyll o'm gwaith ar y ffermydd. Gorchwyl bychan fyddai galw heibio iddynt yn hwyr y nos, a'r gwn efo mi. O ddisgyniad y dail hyd at ddiwedd Ionawr, "dyrchafwn fy llygaid" i'r canghennau, rhag ofn fod yno ddefnydd cinio. Roedd yna gyflawnder o gwningod ar y caeau, sgwarnogod ar y ffriddoedd, grugieir ar y mynydd; heigiai'r pysgod yn yr afon ac roedd y ffynhonnau heb eu llygru.

Yr unig anhawster oedd fod gan yr Arglwydd ei giperiaid, a rheiny'n niferus, ond yn ffodus i mi, fydden nhw byth yn digwydd bod mewn lle manteisiol iddyn nhw eu hunain. Hyd yn oed heddiw, ni allaf gerdded ar hyd ffordd goediog yn y nos heb godi fy ngolygon at y cangau — rhag ofn. Mae'r ysfa fel hen haint, nad

Dyma lun o rai o grefftwyr pentref Ysbyty Ifan yn 1904. Bryd hynny yr oedd tri brawd yno'n ofaint, yn cynorthwyo'i gilydd ac yn gofalu hefyd am y felin. Fe'u gwelir yn y llun hwn: Gruffydd Hughes, ar y chwith, yn trwsio arad; Job Hughes, ar y dde, yn pedoli ceffyl Tai Hirion (gwas Tai Hirion yn ei ben); a John Henry Hughes, Johnny'r Gof, yn cylchu olwyn trol.
Yn y llun hefyd, â'i fwyell yn ei law, gwelir Gruffydd Owen, y saer (tad Huw Selwyn).
O flaen gweithdy Gruffydd Owen (hen dŷ Pen Isa), y mae brêc Owen Roberts, yr Efail Newydd, Ysbyty Ifan, yn disgwyl am ei thwrn i'w thrwsio. Dyma'r cerbyd a fu'n brysur iawn am flynyddoedd yn cludo pobl y cylch i Lanrwst a'r cyffiniau.
Yng nghefn y llun gwelir yr hen elusendai, ac o flaen un ohonynt resiaid o hosanau wedi'u gwau gan Mari Hughes yn barod i'r 'sneuwr' eu casglu a'u cludo i Felin Wlân Penmachno.
Tynnwyd y llun uchod gan R. Meredith, Trawsfynydd. Fe'i benthycwyd i Amgueddfa Werin Cymru gan y diweddar John Thomas Hughes, Padog, (gynt o Ochr Cefn Ucha, Ysbyty Ifan).

oes modd cael gwared ohono. Mae'n ddi-os hefyd ei fod yn ysfa etifeddol. Byddai fy nhaid yn mynd at dalcen yr eglwys ym mhen draw'r llan pan fyddai prinder cig ac yn gweiddi "Tango". Fe ddeuai Tango ar ei hald o'r fferm, oedd tua hanner milltir i ffwrdd, a'r cwbl fyddai raid ei wneud oedd sibrwd "cwningen" wrtho, a rhedai'r hen gi nerth ei heglau i'r ceunant tu hwnt i Lidiart Llepa. Yn ddi-ffael dychwelai â chwningen rhwng ei ddannedd.

Does dim o'i le mewn ambell draddodiad fel yna, a ph'run bynnag nid oedd na bwlch plŷg, na chanwer na bwlch tri thoriad nac unrhyw nod cyffelyb ar na ffesant na chwningen i ddangos eu bod yn eiddo i neb neilltuol.

Amrywiaeth di-ben-draw oedd blwyddyn saer coed. Druan o'r sawl sy'n gorfod gweithio mewn ffatri ac yn troi yr un sgriw bob dydd; yn mynd i Majorca a lleoedd tebyg ar wyliau a dod adref wedi ymlâdd i ail-ddechrau troi yr un sgriw am flwyddyn arall.

Hen felin Rhydlanfair, sydd bellach wedi'i chwalu, a gweithwyr yr Ymddiriedolaeth ar Stad Ysbyty tua diwedd y pumdegau: Rhes gefn (o'r chwith): Evan Lloyd, Huw Selwyn, John Hughes, John Williams, John Tetley, James Griffiths, Elfed Williams, Bob Ellis; Canol: John Lloyd Morris, William Ellis, Huw Hughes, Jackie Peers, Richard Roberts, Dafydd Morris; Blaen: Ifor a Dafydd (hogiau Tetley).

Cydnabyddiaeth

*Diolch i Robin Gwyndaf am ei gymorth yn dewis
lluniau ar gyfer y gyfrol hon
o gasgliad Amgueddfa Werin Cymru*

*Diolch i Wyn Jones am y llun ar y clawr
a bron y cyfan o'r lluniau eraill a
gynhwysir yng nghorff y gyfrol*

Ysbyty Ifan yn y pumdegau — o gasgliad Leonard Jackson

Cylchu'r olwyn — cyfres o luniau gan Ann Owen

*Llun y gadair a gweithwyr y felin yn Rhydlanfair —
Elfed Williams, Plas Padog.*